매출 UP!
소상공인 실전
SNS 마케팅

한국평생교육원

한국평생교육원은 행복한 성공을 간절히 원하고
구체적으로 상상하며, 열정적으로 재미있게 배우며
긍정적인 비전을 선언하는 이들이 보는 책을 만듭니다

매출 UP! 소상공인 실전 SNS 마케팅

초판 1쇄 발행 · 2016년 12월 20일
초판 3쇄 발행 · 2017년 01월 20일

지은이 · 구기모, 민대영, 박세인, 신성수, 엄동현, 탁현준
발행인 · 유광선
발행처 · 한국평생교육원
편　집 · 장운갑
디자인 · 이종헌

주　소 · (대전) 대전광역시 서구 계룡로 624 6층
　　　　　 (서울) 서울시 서초구 서초중앙로 41 대성빌딩 4층
전　화 · (대전) 042-533-9333 / (서울) 02-597-2228
팩　스 · (대전) 0505-403-3331 / (서울) 02-597-2229

등록번호 · 제2015-30호
이메일 · klec2228@gmail.com

ISBN 979-11-955855-7-1 (13320)
책값은 책표지 뒤에 있습니다.

이 도서의 국립중앙도서관 출판예정도서목록(CIP)은 서지정보유통지원시스템 홈페이지
(http://seoji.nl.go.kr)와 국가자료공동목록시스템(http://www.nl.go.kr/kolisnet)에서 이
용하실 수 있습니다.(CIP제어번호: CIP2016028624)

매출 UP!

소상공인 실전 SNS 마케팅

구기모·민대영·박세인·신성수·엄동현·탁현준 | 공저

한국평생교육원

"이렇게 하면 진짜 팔릴까요?"

"이렇게 한다면 진짜 손님이 올까요?"

소상공인 강의장에서 가장 많이 듣는 질문입니다.

치열한 삶의 현장에서 살아남기 위해 고군분투하다 필자의 강의를 듣기 위해 오신 분들의 의연한 표정에는 결코 시간을 낭비하고 싶지 않다는 것을 느낄 수 있습니다. 어쩌면 오늘 살아남는 자만이 내일을 지배할 수 있다는 명언은 바로 그분들을 위해 만들어진 것이 아닐까 하는 생각도 듭니다. 그리하여 어떤 일이 있더라도 그분들에게 반드시 '확신'과 '결과'를 안겨드리고 싶다는 강렬한 메시지가 주어졌습니다.

취업이 어려워 자영업을 시작했지만 장사가 안 돼 문을 닫는 자영업자가 늘어나고 있다. 이에 따라 지난해 자영업자 수 감소 규모가 5년 만에 최대치를 기록했다.

20일 통계청에 따르면 지난해 자영업자 수는 556만 3천 명으로 전년보다 8만 9천 명이 줄었다. 지난해 자영업자 수는 1994년(537만 6천 명) 이후 가장 적었고 감소폭은 11만 8천 명이 줄어, 2010년 이후 5년 만에 그 수가 가장 감소되었다.

특히 지난해 자영업자 중에서 종업원 없이 혼자 운영하는 자영업자는 12만 명이나 줄었다. 고용원이 있는 자영업자는 3만 1천 명 늘어나 영세 자영업자의 폐업이 훨씬 많았다.

– 〈한국금융신문〉, 2016. 02. 20

앞의 기사처럼 하루에도 수십 개 많게는 수백 개의 가게가 문을 열고 또 문을 닫습니다. 누구나 빛나는 창업, 성공적인 창업을 꿈꾸지만, 현실은 녹록치 않습니다.

내 이름을 건 가게를 얻은 기쁨은 잠시, 손님은 기다려도 오지 않습니다.

이제 우리의 고객은 스마트폰만큼이나 똑똑해졌습니다.

사고 싶은 물건이 보이면 단순하게 기억해놨다가 구매했던 예전과는 달리, 이제는 주목받는 상품이나 서비스가 아니면 눈여겨보지도 않을 뿐더러 사고 싶은 물건이 생기면 그 자리에서 스마트폰을 꺼내 온라인의 가격을 비교해보든지 다른 사람들의 구매 후기를 검색하며 정말 괜찮은 상품인지 꼼꼼히 검토한 뒤 구매 결정을 합니다. 그리고 자신이 구매한 물건을 SNS에 올리며 친구들에게 자랑하고 일거수일투족을 기록해야 직성이 풀립니다.

우리 대한민국은 스마트폰 보급률이 88%(2015년 기준)로 세계 1위입니다.

그리하여 소상공인으로 살아남으려면 구매에 영향을 줄 수 있고, 검색 엔진의 검색 결과 SNS 리뷰와 같이 고객이 상품 구매 시 즉시 찾아볼 수 있는 온라인 영역을 얼마나 지배하고 있느냐 아니냐에 따라 전혀 다른 결과를 얻게 됩니다.

따라서 많은 기업과 개인이 마케팅을 하기 위한 도구로 소셜미디어 채널을 활용하지 않을 수가 없거니와, 각 채널마다 특성이 다르고 콘텐츠의 생산방식과 유통방식이 다르므로 쉽게 접근하기가 쉽지만은 않습니다.

또한 정보의 과잉으로 뉴스피드를 통해 끊임없이 배출되는 엄청난 양의 콘텐츠 때문에,

자신이 직접 만든 콘텐츠를 소비시키기 위해서는 특별한 소셜 마케팅 전략이 필요하며 지속적인 상생 또한 필요하게 되었습니다.

　이 책은 잘 나가는 대기업과 건실한 중견기업을 위해 만든 책이 아닙니다.

　비록 1인 기업일망정 시장에서 살아남기 위해 적은 시간을 투자하더라도, 정확히 '결과'가 나올 수 있는 현실적인 소상공인 마케팅 방법을 제시하고자 최선을 다했습니다. 또한 친절한 설명을 통해 직접 따라 하며 실행할 수 있는 실질적인 HOW TO와 이해를 돕기 위해 영상 콘텐츠를 제공했습니다.

　아울러 6명의 소셜어벤져스와 같은 소상공인 마케팅 전문 강사가 현장에서 소상공인 대표들을 만나며 겪은, '결과'를 만들어냈던 소셜 마케팅 노하우를 담았습니다.

　부디 본서를 통해 '이렇게 하니까 정말 팔리는구나!', '정말 손님이 찾아오는구나!' 하고 환히 웃으며 내일을 기약하고, 후기를 남겨주실 소상공인 대표님들을 만나기를 진심으로 기원합니다.

　끝으로 'SNS 마케팅'을 집필하는 데 도움주신 한국평생교육원 유광선 원장님과 장운갑 편집장님, 이종헌 이사님께도 감사의 인사를 드리며 맺습니다.

저자 일동

⑤ 네이버 모두

탁현준

CONTENTS

⑥ 스토어팜

민대영

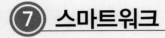

⑦ 스마트워크

엄동현

①

블로그 마케팅

박세인

BLOG Marketing

저자 박세인

사람북닷컴 대표
휴먼브랜드 친절한 세인씨
네이버 edwith 강사

Email : alwayslike21@naver.com
Facebook : www.facebook.com/alwayslike21
Instagram : www.instagram.com/kindseinc
Blog : blog.naver.com/alwayslike21
Homepage : kindseinc.modoo.at

블로그 꼭 운영해야 하나
블로그 운영 결정법

다양한 소셜미디어 채널이 늘어나면서 소상공인들은 선택의 기로에 놓여 있다.

어떤 채널을 먼저 시작해야 할지 어떤 채널에 집중해야 할지, 특히 블로그에 대한 의견이 분분하다.

'블로그는 이제 더 이상 중요하지 않다.', '블로그는 이제 약세다!' 하는 사람들도 적지 않다.

그렇다. 인지하다시피 블로그는 예전보다 이용 비중이 많이 줄어든 것을 볼 수 있다. 그렇다면 블로그보다 다른 채널에 집중하는 것이 맞을까?

이 질문에 답은 두 가지이다.

"그럴 수도 있고, 아닐 수도 있다."라고…….

그럼 이 기준은 어디에서 비롯되는 것일까?

그건 바로 블로그가 여전히 강세인 키워드를 포함한 비즈니스냐 아니냐의 차이이다.

국내에서 가장 점유율이 높은 검색 엔진인 네이버의 경우 통합검색 페이지(네이버 초기화면)에서 키워드를 입력하고 녹색 검색 버튼을 누르면 자동으로 검색결과가 나열된다.

이때 검색결과는 키워드 광고비를 지불한 파워링크와 같은 유료 광고가 가장 상단에 노

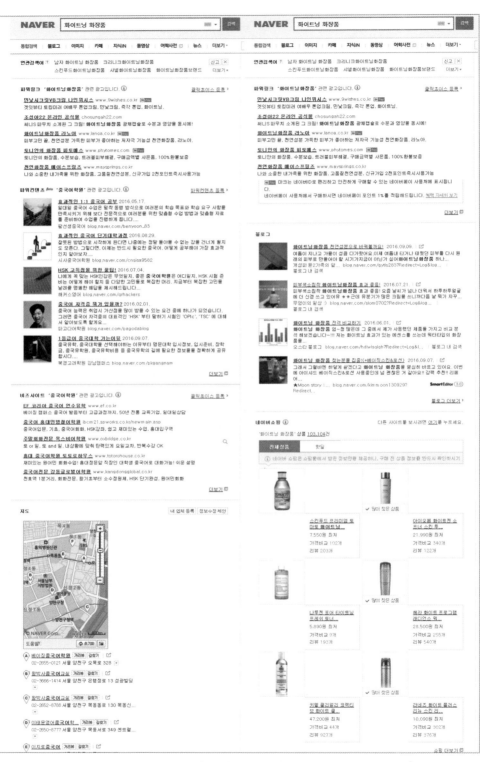

그림 1 통합검색결과 예시

출된다. 그리고 그 아래로 노출되는 탭들의 우선순위는 키워드에 따라 달라지는데, 때로는 블로그—지식인—이미지 순일 경우도 있고, 혹은 뉴스—사이트—블로그일 때도 있다.

이 통합검색결과는 네이버 이용자가 가장 많이 조회하거나 그 단어를 포함한 글이 많이 작성된 활동력 높은 탭이 우선적으로 노출된다.

즉 통합검색결과는 늘 변동될 수 있고, 사용자의 요구가 반영되도록 선호도에 따라 수시로 바뀐다는 것이다.

하지만 검색해보면 키워드가 지닌 주제나 타깃에 따라 검색되는 결과는 대부분 비슷하게 노출된다.

예를 들어 뷰티, 요식업, 육아 관련 사업군은 특히 네이버 블로그 글이 많이 노출된다. 사람들이 실제 사용 후기나, 이용 후기, 직접 경험한 것을 중요시 여기는 분야이다.

만약 내가 하고 있는 사업 분야가 블로그 마케팅에 적합한 분야인지 궁금한 사람들은 먼저 PC나 모바일을 켜고, 내 사업과 관련된 키워드를 검색해본 뒤 블로그 탭이 비교적 상위에 노출되는지, 새 글이 잘 업데이트되고 있는지(최신 글 작성 시간 확인), 사람들의 관심도가 높은지(댓글, 공감 활동력 확인) 유심히 살펴본 후 채널 운영을 선택하기를 권한다.

어떤 소셜미디어 채널도 정성을 들이지 않고서는 마케팅에 도움 되는 경지에 오르기 쉽지 않다. 더군다나 블로그는 그 어떤 채널보다 더욱 손이 많이 가고 시간이 많이 드는 채널이다.

그렇기 때문에 시작하기로 마음먹었다면 무엇보다 그전에 내 사업에 도움이 되는 채널인지 먼저 알고 시작하는 열정을 들이기 바란다.

◆ 빈 칸을 채워보자.

업종 관련 키워드	검색 노출 순위 ex) 블로그-지식인-이미지

고객이 머무는 블로그 가게 단장하기

블로그 이미지 설정법

이제 블로그를 시작하기로 결정했다면, 이번에는 블로그에 손님을 맞을 준비를 한번 해보기로 하겠다.

오프라인에서 여러분의 매장과 가게에 간판, 메뉴판, 인테리어, 익스테리어를 단장하듯 온라인 역시 고객이 여러분을 만나는 하나의 가게이다. 온라인에서 보이는 첫 이미지를 어

그림 2 친절한 세인씨 블로그 메인 화면 (출처 : http://blog.naver.com/alwayslike21)

떻게 단장하느냐에 따라 고객은 여러분을 기억하거나 지나쳐갈 수도 있다.

온라인 마케팅의 핵심은 바로 반복적으로 노출하는 것이다. 여러 번 나를 접하게 하면서 나를 '인지'하게 만드는 과정이다. 따라서 필자는 온라인 마케팅을 다른 말로 이렇게 규정한다.

'온라인 마케팅은 노가다이다.'

그만큼 노력이 필요하다는 말이다. 그럼에도 그 노력을 양적으로만 승부하다 보면 지치게 마련이다.

지금 여러분이 공유하는 방법은 블로그 마케팅의 양적 노력을 질적 노력으로 대체하는 것이다. 단순히 예쁘게 블로그를 꾸미는 것이 아니라 손님을 맞을 만반의 준비를 갖추라는 뜻이다.

똑같이 블로그에 사람이 들어온다 하더라도, 나를 알 수 있는 세팅이 되어 있는 블로그와 아닌 블로그와는 차원이 다르다. 그래서 블로그의 디자인적인 부분 그리고 세부적인 메뉴 구성이나 설정이 매출에 영향을 미칠 수 있다는 뜻이다.

특히 블로그의 이름 짓는 것부터 별명 짓는 것은 실제 매출에 영향을 줄 수 있는 중요한 요소임에도 불구하고 많은 사람들은 이 부분을 쉽게 여기고 처음 가입 시 그대로 두거나 ID를 정하듯 내가 보기 편하고 쉬운 것으로 정하는 경우가 많다. 하지만 아래 사진 속 검색 결과에서 보이듯 블로그 이름은 고객들에게 항상 노출되는 영역이다.

여드름흉터제거 효과짱 **달리아스파 목동점** 2016.09.06. ⎘
여드름흉터제거 효과짱 **달리아스파 목동점** 목동 피부관리 달리아스파에는다양한 피부 문제를 해결하고 있어요.오늘 보여드릴 포스팅은바로 여드름 흉터 제거 !!성인...
적들은 오늘도 예뻐지고 있... blog.naver.com/ehddk... | 블로그 내 검색 |
🔲 약도▾

달리아스파 목동점에서 마사지 두 번하고... 2016.07.27. ⎘
받으실 분은 저한테 조용히 비밀댓을 올려주셔요~^^ 달라이 스파 목동점 서울시 양천구 목동로213 **-****-**** **달리아스파 목동점** 서울특별시 양천구 목동로 213 전화 상세보기
친절한 세인씨의 사람북닷컴 blog.naver.com/alway...   Smart Editor (3.0)
🔲 약도▾

그림 3 달리아 스파 목동점 블로그 제목 예시 (출처 : http://blog.naver.com/ehddks0401)

또한 블로그의 별명은 고객과 댓글을 주고받을 때나 이웃신청을 할 때 등 어김없이 반복적으로 노출되는 영역이다.

그러므로 고객이 날 알아볼 수 있도록 내가 운영하고 있는 비즈니스가 어떤 것인지 예측 가능하면서도 너무 상업적이지 않은 전략적인 이름을 지어야 한다.

예를 들면 부동산업을 하는 사람이라면 '강남 최고 부동산 블로그'라는 블로그명보다 '빌딩과 사랑에 빠진 남자'와 같이 빌딩과 관련된 일을 한다는 것을 암시하는 단어를 포함하면서도 호기심을 자극하는 블로그 이름과 별명을 지어줘야 한다는 뜻이다.

그리고 퍼스나콘이라는 나만의 개성 있는 아이콘 설정을 통해 댓글을 주고받을 때에도 남들보다 돋보이고, 내 사업이 무엇인지 직간접적으로 어필할 수 있게 만드는 것 또한 블로그 이미지를 형성하는 데 매우 중요한 요소이다.

그림 4 빌사남의 별명 설정 예시
(출처 : http://building0.com/)

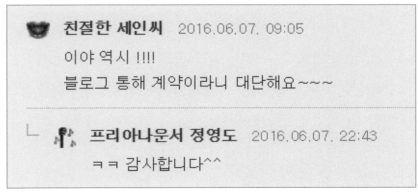

그림 5 프리랜서 아나운서 정영도 퍼스나콘 예시 (출처 : http://blog.naver.com/jyd026)
※ 무료 퍼스나콘을 제공하는 아이템 팩토리 http://item.naver.com/personacon

또한 별도의 자체제작 위젯을 제작해 블로그 마케팅을 통해 최종적으로 고객을 보내고자 하는 목적 사이트(예: 쇼핑몰)로 반드시 유입될 수 있도록 링크를 걸어주는 것이 중요하며, 그 밖에도 타 SNS로 연결되는 위젯을 통해 여러 채널들로 고객이 자연스럽게 흐름을 타고 이동하고 더욱 끈끈한 관계를 맺어갈 수 있도록 할 수 있다.

내 블로그—포스트 쓰기—글쓰기 모드 스마트 에디터 2.0 이전 글쓰기 모드로 변경—카메라 모양 사진 클릭—내 PC에서 미리 만들어놓은 가로 170px 위젯 이미지 선택 후 올리기—포스트 창에 올라간 사진 클릭 또는 마우스 드래그 & 드롭으로 선택한 뒤—글쓰기 창 우측 URL 버튼 누른 뒤 이동할 링크를 적은 뒤 적용—포스트 창 우측 하단의 글쓰기 모드를 Editor에서 HTML로 탭 변경 후 HTML 위젯 소스 전체 복사(Ctrl + C)—알아볼 수 있게 글 제목 지정 후 비공개 글 저장

내 블로그—관리—레이아웃 위젯 설정 – + 위젯 직접 등록—위젯코드 창에 소스 붙여넣기(Ctrl + V)—알아볼 수 있게 위젯 제목지정 후 저장—왼쪽 레이아웃 창에서 드래그 & 드롭으로 위젯의 원하는 위치 변경 후 저장

http://bit.ly/2gNMgt4

그림 6 어니스트 플랜 자체제작 위젯 예시
(출처 : http://blog.naver.com/honestplanga)

블로그를 통한 온라인 가게의 이미지를 단장할 때는 PC 사용자뿐 아니라 늘어나고 있는 모바일 사용자를 대비하여 PC에서 보게 되는 첫 화면과 모바일에서 볼 수 있는 첫 화면의 홈 설정을 반드시 구분하여 어느 쪽으로 고객이 유입되더라도 나라는 사람 그리고 내가 하는 비즈니스를 알고 갈 수 있는 전략적인 방법을 써야 한다는 사실을 염두에 두어야 한다.

그 밖에 더 자세한 블로그 디자인 방법은 아래 동영상 강의를 참고하여 여러분의 블로그 가게를 더욱 멋지게 단장해 보자.

1) PC 블로그 홈 설정하기

– 블로그 정보 설정

- 카테고리 설정

- 상단메뉴 설정

- 프롤로그 설정

- 사업자등록정보 설정

- 레이아웃 설정

- 리모콘 디자인 설정

2) 모바일 블로그 홈 설정하기

- 블로그 앱 다운로드 받기

- 모바일 블로그 홈편집 설정

- 모바일 외부링크 설정

- 모바일 글쓰기 설정

http://bit.ly/2gNRhln

◆ 빈 칸을 채워보자.

블로그 이름	
블로그 별명	
블로그 소개 글	
퍼스나콘	

내가 장악해야 할 블로그 목적 키워드 정하기

블로그 키워드 설정법

블로그의 단장이 끝났다면 이제 시작해야 하는 것은 바로 블로그에 적합한 키워드를 추출해내는 것이다. 무엇보다 마케팅을 시작하기에 앞서 고민해야 하는 부분이 바로 이 키워드 추출인데, 대부분 우리는 값비싼 대표 키워드만을 노리고 블로그 마케팅을 하려고 한다. 그런데 이러한 시도가 내 블로그에 가장 치명적인 결과를 초래한다는 것은 전혀 모르고 있다는 것이 문제가 된다.

모두가 선호하는 키워드는 그만큼 경쟁률이 치열하고 그런 키워드는 돈을 주고 사는 '판매용 키워드'인 경우가 많거나, 마케터가 돈을 받고 상위 선점 작업을 하는 '작업용 키워드'인 경우가 많다. 그만큼 위험도가 높은 키워드라는 뜻이다.

키워드를 정함에 있어 내가 상위 노출시키고자 하는 광고성 키워드를 돈을 들이지 않고 마케팅하겠다는 관점으로만 접근하게 되면, 블로그는 상업적으로 전락하게 된다.

또한 광고비가 주 수입원인 네이버의 관점에서도 가장 원하지 않는 방향으로 운영되는 블로그로 낙인찍힐 수 있게 되는 것이다.

그리고 이제 블로그 마케팅이 광고의 수단이라는 것을 잘 알고 있는 고객의 관점에서도 그러한 상업적 키워드가 잔뜩 나열된 블로그는 스팸이나 홍보성 블로그로 낙인찍히게 되어 방문을 꺼리게 되는 직접적인 이유가 될 수 있다.

그래서 키워드를 정할 때 고려해야 하는 것은 바로 아래와 같다.

WHO 누구에게(타깃)

WHAT 무엇을(비즈니스 아이템)

WHEN 언제(글 발행 타이밍)

HOW 어떻게(전달 방법 즉 글의 형식)

WHY 왜(고객의 니즈)

예를 들어 요식업을 하고 있는 소상공인이 포스트를 작성한다고 가정해보면, 대부분은 춘천 맛집과 같은 키워드로 상위 노출되기를 바랄 것이다. 하지만 운이 좋아 첫 페이지에 노출된다고 해도 이 키워드는 상위 유지가 매우 짧거나 마케터에게 공격을 당하기 쉬운 블로그로 타깃이 될 뿐이다.

그럴 때 위와 같은 5하 원칙 방법을 적용해보면 대표 키워드가 삽입된 글에 비해 글 조회수는 낮을지 몰라도 내 비즈니스의 특성을 잘 표현하고 고객이 원하는 바를 깔끔하게 해결해주는 글이 될 수 있기 때문에 오히려 구매와 직결되는 전환율이 높은 글이 될 수 있다.

WHO 누구에게(타깃)	회식이 잦은 직장인
WHAT 무엇을(비즈니스 아이템)	매번 식상한 삼겹살 대신 춘천 다락 숯불 닭갈비를
WHEN 언제(글 발행 타이밍)	퇴근시간 무렵 또는 불금에
HOW 어떻게(전달 방법 즉 글의 형식)	갑자기 회식장소 구하라는 과장님 지시에 발등에 불 떨어진 김 대리의 사례를 들어 스토리텔링 형식으로
WHY 왜(고객의 니즈)	단체 회식 장소는 미리 예약하지 않으면 구하기 힘들고, 단체 수용이 가능한 장소가 한정적이라 매번 같은 음식으로 회식하는 것이 지겨운 고객의 불만을 해결할 수 있는 장소니까

위와 같이 글을 쓰는 목적에 대해 정리를 하게 되면 키워드를 추출해 내는 것이 훨씬 쉬워진다. 먼저 큰 방향성을 정해두고 글쓰기를 시작하는 것이다.

예를 들어 위의 글의 주제에 따른 키워드를 정해보자면 아래와 같다.

춘천 숯불 닭갈비(대표 키워드)

다락(상호, 브랜드 키워드)

단체 회식, 단체 손님, 단체 예약, 직장인 회식, 회식장소 추천, 춘천 직장인, 당일 예약 등(세부 키워드)

만약 이 키워드를 가지고 제목을 만들어본다면, 아래 정도의 제목이 나올 수 있다.

> 춘천 숯불 닭갈비 다락 단체 회식장소 추천해요~
> 춘천 사는 직장인 여러분~ 단체 회식은 숯불 닭갈비 다락에서 하세요.
> 급하게 단체 회식장소 구하실 땐 춘천 숯불 닭갈비 다락으로
> 회식장소 당일 예약 가능한 춘천 숯불 닭갈비 다락

중요한 것은 대표 키워드는 닭갈비 〉 춘천 닭갈비 〉 춘천 숯불 닭갈비 순으로 경쟁률이 높아지기 때문에 되도록 구체적으로 적을수록 내 사업이 명확해지고, 노출될 확률이 높아진다.

내 상호를 알리는 브랜드 키워드는 항상 메인이 되는 것이 아니라 서브가 되어야 하는데, 매번 반복적으로 글 제목에 넣게 되면 블로그를 저품질로 밀어 넣는 위험요소가 될 수 있기 때문에 자주 반복하기보다, 간헐적으로 포함시키거나 글에 넣는 사진에 이미지 서명을 넣는다거나, 사진에 상호가 보이도록 사진을 찍는 등의 방법을 통해 고객이 반복적으로 보고 인지할 수 있게 만든다.

세부 키워드의 경우에는 자동 완성어나 연관검색어 또는 상위 노출되어 있는 타 업체의 글에 포함된 키워드 등을 참고하여 찾아보면 되는데, 자동 완성어는 관련 단어 중 가장 사람들의 조회가 많이 된 단어이고, 연관검색어는 글의 연관도가 높은 단어를 보여주는 키워

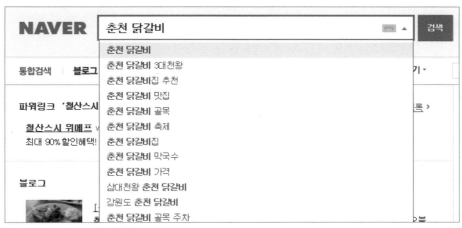
그림 7 춘천 닭갈비 자동 완성어 예시

드로 하나의 글을 보고 연속적으로 다음 글을 찾아보는 고객의 패턴을 분석해 연관성이 높은 키워드를 추출해낸다.

그래서 자동 완성어나 연관검색어에 나온 단어를 본문에 적절하게 삽입하고 그 키워드를 고객이 '왜 검색했을지'를 생각하면서 글을 작성하게 되면, 그만큼 고객이 원하는 글을 쓸 수 있게 되는 것이다.

예를 들면 위의 회식장소에 관한 닭갈비집 추천 글을 쓸 때 본문내용에 '춘천 닭갈비 골목 주차'라는 자동 완성어를 사용한다면 '춘천 닭갈비 골목 주차 힘드셔서 늘 차 세울 데 찾느라 밥 때 놓치셨었죠? 춘천 다락에 오시면 넓은 주차장이 완비되어 있어 주차 고민 없이

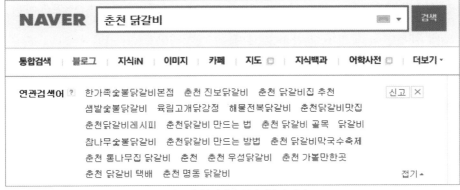
그림 8 춘천 닭갈비 연관검색어 예시

맛있게 식사하실 수 있습니다.' 이런 식으로 적절하게 문장에 단어를 넣어서 자연스럽게 녹여주는 것이 중요하다. 내 목표 키워드는 늘 검색하는 습관을 가지고 연관검색어나 자동 완성어를 넣고 문장을 만들어보는 연습을 해보자.

    마지막으로 상위 노출된 글의 키워드를 살펴보는 것이 중요한데 이는 전문 마케터들이 사용하는 키워드를 미리 확인해보는 방법이 될 수도 있고, 고객의 반응이 많은 글(댓글, 공감, 스크랩이 많이 된 글)은 왜 그런지 블로그 글에서 사용된 키워드를 확인하면서 고객의 니즈를 한 번 더 검증하는 것이 가능하기 때문이다.

[춘천 닭갈비] 먹거리 단체 회식장소도 가능한... 2016.06.05. ☑
단체 회식장소로도 끝판왕이니깐 단체손님도 컴온~~ 춘천 맛집찾으시는 분! 또는 춘천 닭갈비 맛집으로 오고싶은분들은 춘천명물닭갈비에서 드셔보세용!
코코의 Daily Bloggggg~ blog.naver.com/konng... | 블로그 내 검색 | ▣ 약도 ▾

신도림 맛집 본춘천닭갈비 신도림 회식장소로... 2016.02.24. ☑
신도림 맛집 본춘천닭갈비 신도림 회식장소로 딱이예요~!! 안녕하세요, 지후맘입니다. 꽃샘추위가 아직이네요. 해는 나지만 추우니 옷 따습게 입고 나가셨는지 모르겠어요...
행복한 지후네 이야기~~ blog.naver.com/yyyy6... | 블로그 내 검색 | ▣ 약도 ▾

그림 9 춘천 닭갈비 회식장소 블로그 검색 결과

일반적으로 블로그라면 '포털 검색 유입'이 블로그 방문자의 가장 큰 비중을 차지한다.
    그러기 위해 가장 중요한 부분이 바로 이 키워드의 영역이다.
    내 비즈니스에 대한 키워드를 정할 때에는 내가 사용하는 나의 사용언어가 아닌, 고객들이 사용하는 사용언어를 먼저 파악하고, 그들이 어떤 단어나 문장을 통해 내 사업과 관련된 글을 보게 되는지에 대해 늘 유심히 관찰해야 한다.
    그런 습관이 블로그 마케팅을 잘할 수 있는 중요한 키^{key}가 될 수 있다.

    다음 영상을 통해 그 밖에 전문적으로 키워드의 조회 수나 트렌드를 검색할 수 있는 네이버 검색광고시스템(http://searchad.naver.com) 활용법을 배워보자.

http://bit.ly/2fVlvhg

◆ 빈 칸을 채워보자.

블로그 5하 원칙	
WHO 누구에게(타깃)	
WHAT 무엇을(비즈니스 아이템)	
WHEN 언제(글 발행 타이밍)	
HOW 어떻게(전달 방법 즉 글의 형식)	
WHY 왜(고객의 니즈)	

블로그 목표 키워드	
대표 키워드	
브랜드 키워드	
세부 키워드	
연관 검색어	
자동 완성어	

갈 길을 정해놓고 포스트 쓰기

포스트 가이드라인 작성법

목적 키워드가 정해졌다면 이번에는 본격적으로 글을 써볼 차례이다.

글을 쓰기에 앞서 어떻게 글의 흐름을 끌고 갈 것인지에 대한 가이드라인을 미리 정해놓고 글을 쓰게 되면, 글의 주제가 삼천포로 빠지거나, 중요한 부분을 빼먹지 않고 작성할 수 있게 된다.

앞서 언급했던 닭갈비집 사례를 통해 가이드라인을 한번 만들어 보도록 하겠다.

제목 : 갑자기 단체 회식장소 구하실 땐 춘천 숯불 닭갈비 다락으로

도입 : 춘천 사는 직장인의 애환에 대해 격려 및 공감대 형성
    ex) 매일이 주말이면 좋겠다는 춘천 직장인 분들~
        퇴근 후에도 이어지는 회식은 야근수당 왜 안 주냐는 손님의 말 공감되시나요?

이미지 : 피곤해 보이는 직장인 사진 또는 그림

고객의 니즈 스토리텔링 : 사례를 통해 우리 가게를 찾게 된 이유 언급
    ex) 갑자기 회식장소 정하라는 과장님 지시에 급히 전화 돌린 김 대리
        팀 인원도 많은데 갑자기 단체 회식장소 구하라는 과장님 덕에 진땀 빼던 김 대리
        매번 같은 회식음식 지겹다는 과장님 요구로 회식장소 검색하던 김 대리

이미지 : 아래 장점에 해당하는 사진 3장 글—사진—글—사진 배열로 정렬

장점 부각 : 우리 가게의 장점 언급 3가지
     ex) 넓은 단체석 완비, 당일 예약도 거뜬
        넓은 주차공간 확보, 차가 여러 대 와도 만사 OK
        회식엔 매번 삼겹살? 같은 가격에 숯불에 구운 맛있는 닭갈비!

이미지 : 넓은 단체 수용 가능한 방 사진

컴플레인 요소 언급 : 고객과의 진정성, 신뢰도 올려주는 요소
     ex) 홀뿐 아니라 넓은 방도 있어요~ 방은 간혹 가다 예약이 꽉 차는 경우가 있으니 가능하면 미리 예약을
        해주시면 감사하겠습니다.

예약 방법 : 지도, 주소, 예약 전화 첨부

   물론 매번 이렇게 미리 가이드라인을 만들고 글을 쓰는 것이 쉽지만은 않다. 하지만 이런 습관을 기르다 보면 나중에는 저절로 기획이 잘된 글쓰기가 가능하게 된다. 처음부터 손이 가는 대로 글을 쓰기 시작하면 말 그대로 나 혼자 떠드는 일기장이 될 수 있지만, 위와 같이 누구에게 어떤 내용으로 전달될지 명확한 목적을 가진 글을 쓰게 되면 고객의 선택이 쉬워지는, 정확도 높은 글을 쓰게 된다.

   처음엔 쉽지 않겠지만 여러 번의 글쓰기 근력을 늘리기 훈련을 통해 더욱 질적으로 갖춰진 글을 써야 한다. 첫 장에도 언급했지만 양적인 승부가 아닌 질적인 승부수에 더 포커스를 맞추면 장기적인 관점으로 볼 때 승률이 더 높아진다.

포스트 가이드라인	
제목	
제목	

블로그에 삽입할 멀티미디어 콘텐츠 공수하기

효과적인 콘텐츠 수급법

블로그 글쓰기에 중요한 부분 중 하나는 직접 쓴 글과 사진 또는 영상을 사용해야 한다는 것이다. 하지만 소상공인의 경우 많은 시간을 할애하고 글을 쓰는 것이 쉽지 않다.

그럴 때 콘텐츠를 공수하는 특급 노하우를 공유하고자 한다.

폰으로 찍은 사진 클라우드를 통해 바로 공유하기

가장 좋은 것은 DSLR로 찍은 고퀄리티의 사진이지만, 그럴 여력이 없을 경우 폰으로라도 직접 현장의 느낌이 담긴 사진을 찍는 것은 매우 중요하다. 그리고 그 사진은 포스팅할 때 언제나 필요하면 바로 사용이 가능하도록 클라우드 서비스에 연동해두면 백업이 돼서 안전할 뿐 아니라 블로그 포스팅할 때 바로 불러오기가 가능해 PC나 모바일에 제한 없이 언제나 포스팅할 수 있다.

http://bit.ly/2gxk512

기존에 있던 이미지 재사용하기

블로그는 동일 이미지를 여러 번 반복하여 재사용하게 되면 어뷰징하는 상업적인 블로그로 간주해 유사문서로 분리되어 검색에 제한이 올 수 있다. 하지만 매번 똑같은 간판 사진이나 가게 사진을 다시 찍기가 어려울 때도 있을 수 있다. 그럴 때에는 사진에 테두리를 넣는다거나 기존 사진을 캡처하여 사이즈를 리사이즈한다거나, 사진 안에 글씨를 넣는 방법 등을 사용할 수 있다.

그 밖에도 사진의 수평을 살짝 움직여 픽셀을 뒤틀어주면 기존 사진과 다른 사진으로 인지하도록 로봇을 속이는 것도 가능하게 된다.

아래 영상을 통해 이미지 재사용이 가능한 포토스케이프 사진 편집법을 배워보자.

http://bit.ly/2fDrSWC

무료 스탁 이미지 확보하기

꼭 관련된 이미지를 찾고 싶은데 직접적인 확보가 어려운 경우에는 인터넷에서 무료 또는 유료로 사용이 가능한 좋은 퀄리티의 스탁 이미지를 통해 블로그 콘텐츠의 퀄리티를 높일 수 있다. 단 타인이 사용한 이미지와 중복될 수 있기 때문에 2번의 방법을 통해 콘텐츠를 재사용하기 바란다.

◆ **스탁 이미지 사이트 목록** ◆

프리큐레이션 https://www.freeqration.com/intro/
픽사베이 https://pixabay.com/
셔터스톡 http://www.shutterstock.com
프리픽 http://www.freepik.com/
언스플래시 https://unsplash.com/

GIF 움짤 이미지 만들기

기존의 정지된 사진을 움직이는 Gif 포맷으로 변환시켜 준다거나 영상을 Gif로 변환시켜 콘텐츠를 재사용하는 방법도 있다. 이 움짤 이미지는 블로그 글의 생동감을 불러 일으켜줄 뿐 아니라 움직임을 통해 시선을 머물게 하여 글을 읽는 방문객의 집중도를 높여주고 글의 체류시간을 늘려준다. 네이버 포토 업로더를 통해서 무료로 제작이 가능하지만 좀 더 다양한 움짤 효과를 기대한다면 아래 앱이나 프로그램을 참고해서 만들어보기 바란다.

> ◆ **모바일 GIF 제작 앱** ◆
>
> 안드로이드 GIF 메이커(http://bit.ly/2cgGsBK)
> 아이폰 GIF 토스터
>
>
> http://bit.ly/2gxsa51
>
> ◆ **PC GIF 제작 프로그램** ◆
>
> 포토스케이프(http://bit.ly/2clG9Sf)
>
>
> http://bit.ly/2gB51Nw

양념 영상 만들기

단순히 블로그의 글 용량을 늘린다거나 동영상 탭의 상위 노출을 위해 의도적으로 내용 없이 노출만을 위한 영상을 만들 경우, 고객의 신뢰를 잃고, 동영상의 충분한 재생 시간을 확보하지 못할 뿐 아니라, 이탈률을 높게 만든다. 그로 인해 블로그의 품질지수를 떨어뜨리게 되는 것이다. 영상은 무조건적인 사용이라기보다는 꼭 필요할 때 양념처럼 곁들여 사용하는 것이 중요하다.

> ◆ **영상 편집 추천 프로그램** ◆
>
> 윈도우즈 무비 메이커(http://bit.ly/2cUJrm7)

콘텐츠 발 도장 찍기

블로그에 열심히 사진도 올리고 GIF 움짤 이미지도 올리고 영상도 올렸지만, 중요한 요소 하나를 빼먹으면 아쉽게도 내 블로그에 온 사람들이 아니면 누가 올린 콘텐츠인지 확인할 수 없게 된다. 그래서 해야 하는 것이 바로 콘텐츠 발 도장 찍기이다. 각각의 콘텐츠에 워터마크 즉 이미지 서명을 통해 어디서부터 흘러온 콘텐츠인지 영역표시를 하는 것이다.

이미지 서명은 반드시 PNG 배경 없는 이미지 파일로 만들고 그림자나 윤곽선을 주어 사진의 배경 색에 관계없이도 잘 보일 수 있게 만드는 것이 중요하다. 또한 한 가지의 서명을 반복적으로 사용해서 사람들에게 잘 인지될 수 있게 하는 것도 반드시 기억해야 한다.

〈이미지 서명 만드는 방법〉
포스트 쓰기 ― 사진 ― 포토업로더 ―
편집하기 ― 서명 ― 이미지 서명 ― 찾
아보기 ― 올리기 ― 모든 사진에 적용
(사이즈 400 * 200px 이하, png 파일)

이웃이 답이다
이웃 관리법

취미를 위해 운영하는 개인 블로그가 아닌 이상 상업 블로그는 특히 이웃 관리에 목숨을 걸어야 한다. 상업 블로그의 경우, 특정 키워드의 반복이 잦다 보니 당연 저품질에 걸릴 위험이 월등히 높기 때문에 블로그의 안전성을 보장받지 못한다. 저품질이 돼서 검색 노출이 안 된다며 기존에 열심히 운영하던 블로그를 갈아엎고 새 아이디로 갈아탄 뒤 다시 운영을 해보겠노라 다짐을 하지만 맥이 빠져 블로그 마케팅을 포기하는 소상공인 대표들을 많이 만나보았다.

물론 검색유입이 잘 안 될 경우 그만큼 마케팅이 어려워지는 것은 맞지만, 무조건적으로 새로 블로그를 시작하는 것이 답은 아니다.

특히 기존의 블로그에서 이웃관리나 댓글소통을 잘해왔고 단골방문자 형성이 잘되어 있는 블로그인 경우에는 특히 더 그렇다. 늘 신규고객만 찾아다니는 것보다 한 명의 진성고객과의 끈끈한 소통을 통해 재방문을 유도하거나 나를 대신하는 입소문을 내주는 단골고객으로 만드는 것이 더 중요할 때가 있다.

블로그 이웃은 이런 단골고객이 되어주는 존재로 내 블로그의 댓글 지수, 공감 지수, 스크랩 지수를 높여주어 블로그의 인기도를 올려주는 중요한 존재이다.

그래서 '이웃이 답이다.'라고 할 수 있는 것이다.

간혹 가다 상업 블로그인데도 불구하고 많은 댓글이 달리는 블로그에 가보면 그 블로거가 얼마나 많은 사람들을 찾아가고 소통하는 노력을 보이는지 잘 알 수 있다.

만약 여러분의 블로그가 글을 열심히 올리는데도 불구하고 댓글이나 공감이 전혀 올라가지 않는 블로그라면 아무리 방문자 수가 많더라도 허상인 영양가 없는 블로그일 수 있다.

그림 10 친절한 세인씨의 블로그 대화 내용 중 일부 (출처 : blog.naver.com/alwayslike21)

필자는 이웃과의 진정한 소통은 '상대를 기억해 주는 것'이라고 말하고 싶다. 주제와 상관없는 댓글이 아닌 내가 당신의 글을 읽었고, 특정 부분에 관심이 있었고, 감동을 받았다는 등의 구체적으로 이웃이 정성들여 쓴 글을 기억하고 있음을 알리는 것이 중요하다.

또한 친근감을 주기 위해 OO님~이라고 블로그 별명을 불러주며 서로의 아이디를 기억해주면서 소통을 이어가면 더욱 빨리 이웃과의 관계를 맺어갈 수 있다.

또한 내 블로그로의 재방문을 유도하는 댓글을 통해 심리적인 자극을 할 수도 있다. '꼭 제 블로그에도 놀러와 주세요~'라는 것과 같이 말이다.

그러나 상업 블로그 이웃관리에서 그보다 더 중요한 것은 바로 불특정 대상이 아닌 내 타깃이 될 수 있는 대상을 먼저 물색하고 이웃을 맺는 것이다.

네이버 홈(http://section.blog.naver.com/)의 검색창에 포스트를 선택한 뒤 내 사업과 관련된 실제 구입후기나 이용후기에 대한 포스팅과 관련된 키워드를 검색하고 거기에 관련된 글을 쓴 관심사가 비슷한 고객이 될 만한 특정 대상을 골라 이웃을 맺는다면, 훨씬 더 빠른 마케팅 결과를 얻어낼 수 있다.

그림 11 블로그홈 사과 구입 포스트 검색 결과 예시

또한 상업 블로그의 경우 주기적인 이벤트를 통해 덧글, 공감, 스크랩을 올리는 방법도 추천한다. '이 블로그에서는 늘 주기적으로 이벤트를 한다.'라는 인식을 주기 위해 블로그의 이벤트 회수는 미리 정해두고 적어도 한 달에 한 번 정도 꾸준하게 이어가 주게 되면, 방문객은 블로그에 오게 되는 또 다른 목적을 지닐 수 있다.

그리고 이러한 이벤트 글은 확장성이 좋아 자연스러운 입소문이 가능하게 된다. 이벤트 혜택을 받기 위해 참여하는 이웃들뿐 아니라 당첨이 된 이후 당첨의 기쁜 소식을 알리는 자발적인 후기 포스트가 또다시 올라갈 수 있는 확률도 생기기 때문이다.

그리고 여러분이 그 이벤트 소식을 다시 경품 카페, 이벤트 페이지, 커뮤니티와 같은 타 채널로 바이럴할 수 있는 좋은 꺼리도 생기게 된다. 참고로 이벤트 글은 방문객이 잘 볼 수 있도록 공지 글로 꼭 지정해주고, 별도의 카테고리를 만들어 운영해 보자.

http://bit.ly/2gxkYqi

SNS와 연동하여 바깥손님 늘리기
블로그 SNS 연동법

블로그에 글을 올릴 때에는 글쓰기 설정을 통해 글 검색이 가능하도록 공개설정을 최대한으로 높여 외부유입이 가능하도록 하는 것이 중요하다.

주제분류 ?	일상 생각 ▾		
태그달기	태그와 태그는 쉼표로 구분하며, 10개까지 입력하실 수 있습니다.	나의 태그 ▾	☐ 태그자동입력
설정정보 ?	● 전체공개 ○ 이웃공개 ○ 서로이웃공개 ○ 비공개		
	☑ 댓글허용 ☑ 공감허용 ☑ CCL표시 상세설정 ▾		
	☑ 검색허용		
	☑ 블로그/카페 보내기 본문허용 ▾ ? ☑ 외부 보내기 허용 ?		
	☑ f 페이스북 ☑ 트위터 에 함께 등록 ?		
	☑ 이 설정을 기본값으로 유지		
등록시간	● 현재 ○ 예약		

그림 12 스마트 에디터 2.0 글쓰기 설정 화면

또한 SNS와의 연동기능을 적절히 활용함으로써 내 글이 자동으로 바이럴될 수 있게 만듦으로써 내가 운영하는 타 SNS 채널과 자연스럽게 유기적으로 연동될 수 있게 만드는 것이 중요하다.

그림 13 스마트 에디터 3.0 글쓰기 설정 화면

블로그 글쓰기 설정에 보면 아래쪽에 페이스북과 트위터로 바로 연동이 가능한 버튼이 있다. 이 체크박스에 체크를 하게 되면 SNS 앱 연동을 할 수 있는 팝업 창이 뜨는데 페이스북과 트위터가 PC에 로그인이 되어 있는 상태면 자동으로 연동이 가능하게 된다.

단 페이스북의 경우 기업계정 페이지와는 연동이 되지 않고, 개인계정에만 공유가 되기 때문에 모든 상업적 포스트를 내 SNS로 보내게 되면 더 신뢰도를 떨어뜨릴 수 있기 때문에 개인적 일상 포스팅과 적절한 비율을 통해 연동하는 것이 중요하다.

트위터는 이제 트렌드가 아니라 여기고 사용하지 않는 사람들도 있겠지만, 트위터는 콘텐츠 작성을 위한 채널이 아닌 콘텐츠 확산을 위한 유통자의 역할로 외부 검색을 높일 수 있는 역할을 한다. 또한 구글(https://www.google.co.kr/)로 트위터 포스트가 검색이 되기 때문에 네이버 검색 엔진뿐 아니라 구글 검색 엔진 노출도 잡을 수 있는 채널이기도 하다. 그래서 여러분께 반드시 사용하라고 권하고 싶다.

그림 14 트위터 구글 검색 노출 결과

굳이 트위터에 따로 포스트를 작성하지 않더라도 종종 트위터에 친구를 추가하는 것(팔로잉)과 블로그 글, 페이스북 글을 자동 연동하여 보내기만 하더라도 글 노출과 외부 콘텐츠 확산효과를 가져올 수 있다.

소상공인 여러분의 파이팅을 기원하며
친절한 세인씨의 말말말

블로그의 정의는 개인의 생각, 주관, 느낌이 담긴 글을 담는 개인 공간 서비스이다. 그러한 개인적인 공간에 너무 상업적인 느낌으로 접근하는 글은 당연히 사람들에게 소외받게 마련이다.

그래서 늘 '나라면 이 글이 가치 있게 느껴질까?', '나라면 이 글을 끝까지 읽어볼까?'라는 관점을 가지고 방문자의 입장 그리고 고객의 입장에서 늘 객관적으로 내 글을 판단하는 시선을 가지고 있어야 한다.

또한 글을 쓴 뒤 반드시 입으로 소리 내어 읽어보며 틀린 오탈자가 있는지, 쉽게 읽혀 내려가는지에 대한 가독성에 대해서도 따져보아야 한다. 그런 습관은 고객에게 신뢰를 주고 친근한 느낌으로 다가갈 수 있게 도와준다. 1장에서 언급했듯 블로그는 정말 손이 많이 가는 신생아 같은 채널이다. 관심을 갖고 꾸준히 지속성 있는 활동을 보였을 때 반드시 성과가 가는 채널이라 쉽게 지쳐서도 안 된다.

100일이라는 시간 동안 눈 딱 감고 투자하게 되면 반드시 성과가 돌아오게 될 것이다.

물건을 구입하면 반드시 사용설명서를 읽듯 블로그 운영 전 반드시 네이버에서 규정하는 블로그 운영원칙과 이용제한 수칙에 관한 글을 읽어볼 것을 권한다.

[블로그 운영원칙 : http://blog.naver.com/post/blog_use.htm]

훨씬 블로그에 대한 이해도를 높일 수 있을 것이다.

그리고 고객이 찾아오길 기다리는 블로그 샵이 아닌 내가 먼저 고객을 찾아가는 적극성을 가지고 먼저 공감 누르고, 먼저 댓글 달고, 먼저 이웃신청하면서 관계를 맺어가야 한다.

소셜미디어 채널에서의 성공전략은 '소통'과 '관계 맺기'이기 때문이다.

블로그를 통한 여러분의 빛나는 성장을 기대하겠다.

다른 긴 말보다 여전히 활발하게 활동하고 있는 블로거로서 책 속에 못다 한 이야기는 차차 소통을 통해 전하도록 하겠습니다. 언제든지 주저 말고 이웃신청해 주시고 책과 관련하여 궁금한 점은 댓글이나 안부 글을 통해 질문하시면 순차적으로 답변 드리겠습니다.

또한 제 유튜브 채널을 통해 책의 중간 중간에 삽입된 책 관련 영상 이외에도 다양한 소셜미디어를 활용하는 다양한 노하우가 담긴 영상을 업로드하고 있습니다. 구독해주시면 늘 새로운 정보로 여러분과 소통하는 친절한 세인씨가 되겠습니다.

마지막으로 제 홈페이지에 가시면 마케팅 강의나 컨설팅뿐 아니라 소셜방송인, MC, 문화콘텐츠 기획자 등 다양한 분야에서 활동하는 저의 새로운 모습을 보실 수 있습니다.

또한 제가 운영하고 있는 SNS 채널로도 바로 연동이 가능하기 때문에 저와 SNS로 소통하고 싶으신 분들은 꼭 들러주세요. 이 책을 통해 새로운 분들과 좋은 만남이 있을 것을 기대하며, 이만 저의 챕터를 마무리하려 합니다. 감사합니다.

http://blog.naver.com/alwayslike21
– 친절한 세인씨의 사람북닷컴 블로그

https://www.youtube.com/user/kindseinc
– 친절한 세인씨 유튜브 채널

http://kindseinc.modoo.at
– 친절한 세인씨 홈페이지

② 페이스북

신성수

FACEBOOK Marketing

저자 **신성수**

한국평생교육원 이사
스파크업 대표
인터미디어마케팅 이사

email : shin6623@gmail.com
Youtube : https://www.youtube.com/user/6623shin
Facebook : www.fb.com/sparkup6666
blog : blog.naver.com/shin1028

페이스북의 진화

일반적으로 진화라는 단어는 생물의 진화를 뜻하는 경우에 주로 사용된다.

변화하는 환경에 적응하고 발전하는 과정으로 인지되는 면에서 빠르게 발전하고 있는 IT 플랫폼들은 진화하고 있다고 해도 무방할 것이다. 특히 페이스북의 경우 2004년 처음으로 등장해서 가장 빠른 속도로 진화하고 있다.

2016년 2분기 페이스북의 실적공개 자료에 따르면 전 세계 17억 명이 페이스북을 사용하고 있으며, 이 중 11억 명이 매일 페이스북을 통해 활동하고 있는 것으로 나타났다.

그림 1 페이스북의 사명 (출처 : facebook korea)

우리나라에서도 페이스북의 사용인구가 1,500만 명을 기점으로 급속도록 증가하여, 1,700만 명을 넘어서 1위 플랫폼인 카카오스토리를 위협하고 있다. 이런 위협은 내실을 살펴보면 더욱더 놀랍다.

그림 2 SNS 1일 사용시간
(출처 : 2016 소셜미디어 이용행태 및 소셜미디어 광고접촉태도 분석보고서_요약본 / DMC 리포트)

자료에 의하면 플랫폼별 사용시간에서 페이스북이 압도적인 우위를 차지하고 있다는 점이다.

이는 페이스북의 알고리즘에 기인한다. 국내 SNS 플랫폼들의 경우 사용자의 의지와 상관없이 해당 플랫폼의 모든 콘텐츠를 보여주는 반면, 페이스북의 경우 상호관심도 및 다양한 변수들을 통해, 관심 있는 정보들만 보여주는 알고리즘을 가지고 있기 때문에 여타 플랫폼보다 콘텐츠에 대한 친밀도가 훨씬 높게 나타나게 되는 것이다.

게다가 최근 관심이 없거나 보기 싫은 콘텐츠에 대해서는 스스로 해당 콘텐츠에 대해 거부할 수 있는 기능을 추가하는 등의 노력은 갈수록 페이스북에 대한 사용자들 체류시간 확보를 가능케 하고 있다.

전 세계 No.1 페이스북의 발 빠른 진화

페이스북의 진화를 한마디로 요약하면 "17억 명의 생각, 행동패턴을 포함한 방대한

DATA"를 하나로 연결하고 있다는 점이다. 많은 이들은 페이스북이 전 세계 미디어의 중심이 될 것이라고 단언하곤 한다.

최근 추가된 기능 중 페이스북 라이브 기능은 이미 수많은 해외 방송국에서 스트리밍 기능을 접목하여 또 다른 미디어매체로서 활용하고 있는 상황이다.

17억 명이 동시에 하나의 방송을 볼 수 있는 매체가 전 세계에 존재하는가?

이미 페이스북은 전 세계 페이스북 라이브 상황을 한 군데서 확인할 수 있는 페이지를 구축하고 기능을 계속 추가하고 있다.

그림 3 페이스북 라이브맵 (출처 : https://www.facebook.com/livemap)

이런 미디어 기능 외에도 페이스북 광고기법의 다양화, 인스타그램의 비즈니스 계정추가, 각 국가별 정책에 따른 기능추가 등 다양한 시도와 변화를 진행하고 있다.

비즈니스 플랫폼으로의 페이스북

국내에서 페이스북을 통해서 성장하고 있는 기업들이 눈에 띄는 건 일반적인 현상이다.

수백만 원에서 수천만 원의 페이스북 광고비 지출을 통해 연간 수백억의 매출을 이끌어내고 있는 기업들의 출현이 가속화되고 있는 상황이다.

페이스북은 철저하게 광고매출에 의존하는 기업이다. 2016년 2분기 페이스북의 실적자료를 보면 뚜렷하다. 총 매출 중 약 97%가 광고매출로 전년대비 60% 이상 성장하고 있다. 다시 말해 기업들이 페이스북의 광고에 집중하고 있음을 증명하고 있는 것이다.

비즈니스 플랫폼으로서 페이스북은 다음과 같은 장점을 가진다.

◆ 정밀타격 타깃팅

페이스북은 사용자들의 생활반경, 연령, 성별, 관심뿐만 아니라 사용자들이 올린 콘텐츠에 대한 데이터도 분석하고 있다. 페이스북 광고를 통해 지역기반의 자영업자의 경우 오프매장을 중심으로 특정 지역 내 상세 타깃팅을 통해 광고 집행이 가능하며, 온라인서비스를 제공하는 비즈니스의 경우에도 이러한 정밀 타깃팅을 통해 가장 최적화된 예비고객을 확보할 수 있다.

◆ 저렴한 광고비

페이스북 광고비는 증가추세에 있는 상황이다. 경쟁방식의 광고형태에 기인한다. 그러나 여전히 기존 온라인 광고(검색광고를 포함한)에 비해 경쟁도가 낮은 상황으로 최소한의 광고비 지출을 가능케 한다.

◆ 다양한 광고기법

페이스북은 기존 온라인 광고대비 간단한 시스템으로 구성되어 있으며, 인지도, 관심, 전환이라는 3가지 패턴의 광고형태를 제공함으로써 브랜드 인지도 확보, 직접매출 연계, 고객 DB 확보 등 다양한 광고주들의 요구를 충족시켜준다.

인지도	관심	전환
게시물 홍보하기	웹사이트 방문 수 늘리기	웹사이트 전환 늘리기
페이지 홍보하기	앱 설치 늘리기	앱 참여 늘리기
브랜드 인지도 높이기	이벤트 참여도 늘리기	쿠폰 발급 수 높이기
	동영상 조회수 늘리기	제품 카탈로그 홍보
	비즈니스에 맞는 잠재 고객 확보	

그림 4 페이스북 광고 패턴

〈페이스북 광고 사례 – 요식업〉

이 이미지는 페이스북을 통해 요식업관련 게시물을 직접 광고한 것이다. 광고기간 20일 동안 총 도달 64,644명으로 지출된 광고비는 약 14만 원이다.

기존 오프라인 광고에서 상기 비용으로 동일한 효과를 나타낸다는 것은 현실적으로 불가능하다. 페이스북 광고가 자영업자를 위한 최적화된 광고로 활용될 수 있는 이유이다.

그림 5 페이스북 광고사례

페이스북 활용

개인계정(프로필)

비즈니스 목적으로 페이스북을 활용하기 위해서는 개인계정(프로필)을 생성하고, 이후 페이지를 만들어 팬을 확보하거나 광고를 통해 마케팅을 진행하게 된다. 페이스북에서는 개인계정을 비즈니스 목적으로 활용하는 것을 정책상 금지하고 있다. 그러나 개인계정은 자영업을 영위하는 대표들의 개인 브랜딩으로 활용이 가능하다.

페이스북 알고리즘을 활용하여 개인계정의 정보를 입력하면, 잠재고객을 확보하고 간접 홍보를 통해 충성고객의 확보가 가능하다. 따라서 개인계정 또한 비즈니스 목적으로 충분한 활용가치가 있다.

페이스북의 계정은 이메일과 전화번호를 기반으로 만들 수 있다. 대부분 스마트폰을 활용해서 페이스북을 가입한 경우 전화번호로 가입되어 있으며, 이 경우 이메일을 반드시 추가하여 문제에 대비해야 한다. 상기 경우를 제외하고 PC를 통한 개인계정을 만들어보자.

그림 6 페이스북 회원가입

① 성과 이름(실명추천)

② 이메일 주소(인증번호 등을 확인할 수 있는 현재 사용 중인 이메일 입력)

③ 비밀번호(영문+숫자+특수기호의 조합으로 해킹을 사전 방지할 것)

④ 생일(주민등록증, 운전면허증 등 정부기관에서 발행한 신분증명서상의 생일)

⑤ 성별(선택)

계정 문제 발생 시 페이스북에서 다양한 인증수단을 요청한다.
인증수단 중 신분증 인증에 대비해 생일 및 본명은 필수이다.
(생일은 일정횟수 이상 변경이 불가능하다.)

그림 7 페이스북 이메일 계정인증

가입 시 입력한 이메일에 도착한 페이스북 계정인증 메일을 확인하고 계정을 확인하여 가입을 완료한다.

STEP 3. 프로필 & 커버 이미지

이메일 인증 후 나오는 단계별 절차를 모두 건너뛰기 한 후 메인 화면에서 프로필과 커버이미지를 업로드한다.

그림 8 페이스북 커버 및 프로필 사진

프로필 사진은 컴퓨터에서 160x160픽셀, 스마트폰에서 128x128픽셀로 표시되며, 정사각형 모양으로 잘립니다.

커버 사진은 컴퓨터에서 너비 828픽셀, 높이 315픽셀, 스마트폰에서 너비 640픽셀, 높이 360픽셀로 표시된다. 최소 너비가 399픽셀, 높이가 150픽셀 이상이어야 한다. SRGB JPG 파일 형식으로 너비 851픽셀, 높이 315픽셀이고 100킬로바이트 미만일 때 가장 로딩 속도가 빠르다.

프로필 사진 및 커버 사진에 로고나 텍스트가 포함된 경우 PNG 파일을 사용하는 것이 가장 적합하다.

비즈니스를 목적으로 하는 개인계정은 앞서 언급했던 개인 브랜딩에 초점을 맞추어야 한다. 프로필 사진은 본인의 개인사진을, 커버에는 본인이 누구인지 알리는 편집된 이미지를 업로드하는 것이 유용하다.

그림 9 프로필 및 커버사진 예시

STEP 4. 정보입력

개인정보의 입력은 개인계정에서 타깃 고객을 친구로 만들기 위한 기초과정이다. 페이스북은 자체 알고리즘에 의해 친구를 연결시켜주는 다양한 조건들을 개인계정에 입력된 정보를 기초로 하고 있다. 예를 들어 출신지가 같은 사람, 같은 학교를 나온 사람 등의 정보를 바탕으로 알 수 있는 친구를 추천해준다.

그림 10 개인정보 입력

    따라서 지역 내 상권을 가진 경우, 지역정보의 입력이 선행되어야 하며, 그 외에도 다양하게 입력된 정보를 바탕으로 친구를 추천해주는 알고리즘을 활용해야 한다.

    정보의 입력은 기록이 가능한 모든 부분을 기록하는 것을 추천한다. 특히 자세한 내 소개는 개인계정의 메인에 나오는 내용으로 간략하게 본인의 비즈니스를 요약, 소개할 수 있도록 하며, 연락처 및 기본정보란의 웹사이트 및 소셜링크는 필수사항으로 기록을 한다.

    입력된 정보는 공개범위를 전체공개로 지정하며, 휴대폰 번호는 실제 개인계정을 사용하는 번호를 반드시 입력하고, 필요에 따라 공개범위를 나만 보기로 지정하기도 한다. 이는 특정 페이스북 사용자가 해당 휴대폰 번호를 이용해 광고, 홍보 및 악의적 연락을 하는 경우가 발생하는 것을 미연에 방지하기 위함이다.

STEP 5. 설정변경

    페이스북의 설정 메뉴를 통해 타임라인을 가시적으로 깔끔하게 정리하고, 무단 태그를 방지하며, 주소생성 및 보안설정 등을 통해 계정의 안정적인 운영을 가능하게 한다.

본 단계에서는 최소한의 설정을 통해 URL을 생성하고, 태그를 방지하는 것을 목적으로
한다.

그림 11 페이스북 설정

설정의 일반 탭에서는 사용자 이름^{URL}을 지정한다. 참고로 일반 탭의 이름부분은 한 번
변경 후 60일간 변경이 불가능하다.

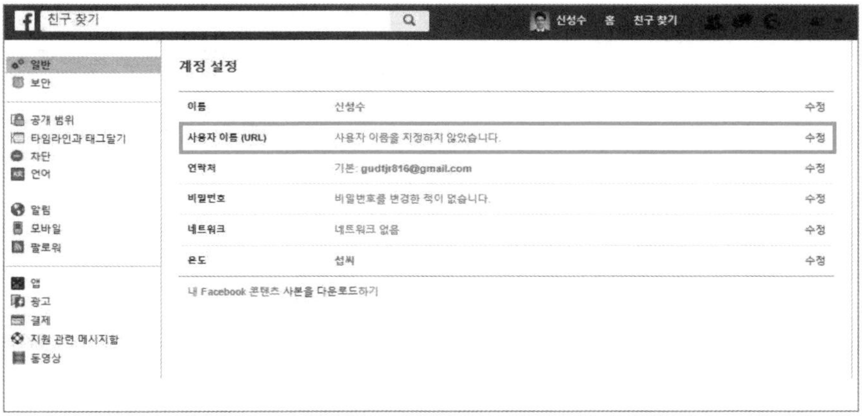

그림 12 페이스북 설정-URL

사용자 이름^{URL}을 설정하면 개인계정의 페이스북 웹 주소를 간단하게 줄여서 다른 온라
인플랫폼에서 편리하게 사용이 가능하다.

● 설정 전 : https://www.facebook.com/profile.php?id=100013497220696

● 설정 후 : https://www.facebook.com/sparkup

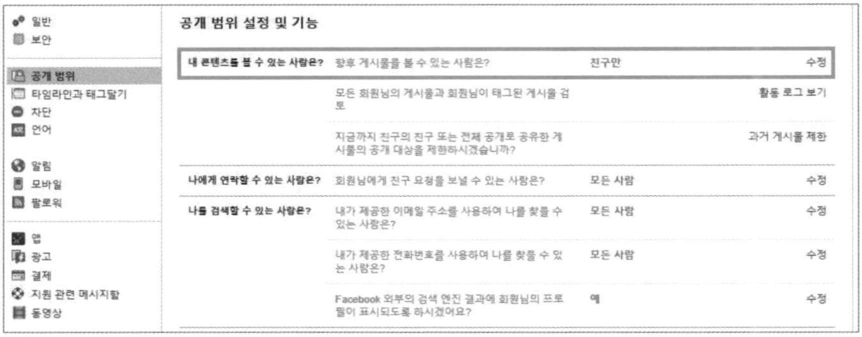

그림 13 페이스북 설정-공개범위

공개범위의 설정은 각 항목마다 "모든 사람"으로 변경한다. 단 특정 콘텐츠를 업로드하는 경우 각 업로드 시점마다 공개범위를 별개로 지정할 수도 있다.

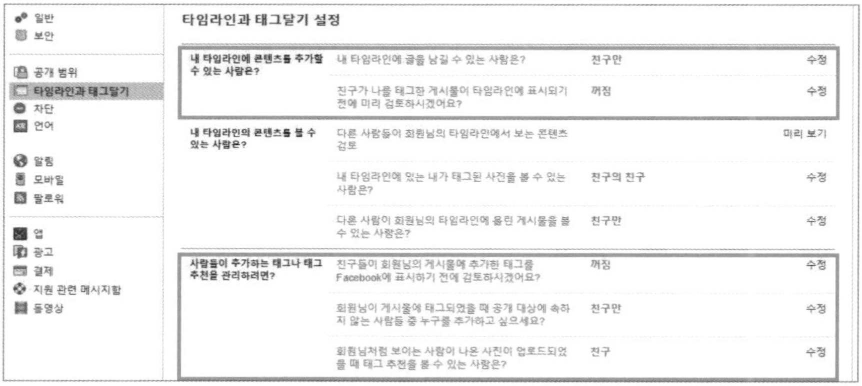

그림 14 페이스북 설정-태그 설정

타임라인과 태그 달기 설정은 필수사항으로 앞서 언급한 바와 같이 태그의 악용을 막고, 개인계정의 타임라인을 깔끔하게 관리하기 위함이다.

① 내 타임라엔에 콘텐츠를 추가할 수 있는 사람은?

- 내 타임라인에 글을 남길 수 있는 사람은? : "나만 보기"
- 친구가 나를 태그하나 게시물이 타임라인에 표시되기 전에 미리 검토하시겠어요? : "활성화"를 통한 "켜짐"

③ 사람들이 추가하는 태그나 태그 추천을 관리하려면?

- 친구들이 회원님의 게시물에 추가한 태그를 Facebook에 표시하기 전에 검토하시겠어요? : "활성화"를 통한 "켜짐"
- 회원님이 게시물에 태그되었을 때 공개범위에 속하지 않는 사람들 중 누구를 추가하고 싶으세요? : "나만 보기"
- 회원님처럼 보이는 사람이 나온 사진이 업로드되었을 때 태그 추천을 볼 수 있는 사람은? : "비공개"

개인계정 만들기 및 정보입력, 기본설정이 마무리되었으면, 친구추가 및 콘텐츠 업로드를 진행한다. 계정을 만든 후에는 친구가 한 명도 없지만, 향후 입력된 정보와 친구의 친구추천 등의 로직을 통해서 친구신청이 들어오게 되고, "알 수 있는 친구"로 추천되는 친구들의 정보를 확인한 후 잠재고객임이 확인되면 친구신청을 하는 작업을 꾸준히 반복해야 한다.

단 "알 수 있는 친구"의 경우 일정 수 이상의 친구신청을 하는 경우 경고 메시지가 뜨는 경우가 발생하며, 메시지 확인 시 24시간 이후 친구신청을 진행해야 계정 정지 등의 문제를 미연에 방지할 수 있다.

콘텐츠 업로드의 경우, 비즈니스 정보를 위주로 업로드하는 것은 호응도를 급격히 떨어트리고, 친구 끊기를 발생시킨다. 콘텐츠는 개인계정이라는 특성을 활용하여, 간접홍보형태를 취할 것을 추천한다. 예를 들어 식당의 경우 신메뉴 이미지, 고객과 함께 한 사진 등을 간접홍보형태로 업로드할 수 있을 것이다.

전문적인 비즈니스 콘텐츠는 이후 언급될 페이스북 페이지에 업로드하고 개인계정에 공유하는 형태로 진행하는 것이 효과적이다.

비즈니스를 위해 최적화된 플랫폼으로 정밀 타깃팅을 통한 광고 집행은 페이스북 페이지를 통해 최적의 비용으로 최대한의 효과를 낼 수 있다는 점에서 많은 기업들이 운영을 하고 있다.

단 페이지 운영에 있어 인원에 대한 "숫자놀이"에 빠지다 보면, 효율성이 급격히 떨어진다는 점을 인지하고 운영을 해야 한다.

페이스북 페이지는 개인계정과 달리 콘텐츠를 다양한 형태로 업로드가 가능하며, 앞서 언급한 정밀 타깃팅 광고가 가능한 점은 소상공인 자영업자들에게는 온라인에서의 기회를 한층 더 열어주고 있다.

◆ 페이지 만들기 및 기본설정

페이스북 페이지는 개인계정을 통해 만들 수 있다. 이는 개인계정에 문제 발생 시 해당 페이지도 문제가 발생할 수 있다는 것이다. 물론 관리자 추가지정을 통해서 사전에 방지할 수 있다. 페이지는 기존 홈페이지의 역할과 유사성이 높다고 인지하면 이해가 용이할 것이다. 비즈니스에 최적화된 페이스북 페이지를 만들어보자.

STEP 1. 사전 검색

페이지 만들기에 앞서 상호를 검색해보자. 많은 페이스북 사용자들이 방문한 장소에 대해 체크인 기능을 포함하여 포스팅하면서 생성된 자사 상호 및 지도에 대한 정보가 페이스북에 생성되어 있는 경우가 많다. 이를 놓치고 새롭게 페이지를 생성하는 경우 고객들은 서로 다른 두 곳으로 체크인하는 경우가 발생하기도 한다. 이미 생성된 정보가 있는 경우 이를 이용하여 페이지를 만들 수 있다.

그림 15 자사상호 검색

그림 16 자사상호 확인

그림 17 소유권 요청 1-1

검색 후 등록되어 있는 장소가 있는 경우 해당 장소를 선택하면 다음 절차에 따라 소유권을 요청할 수 있다.

그림 18 소유권 요청 1-2

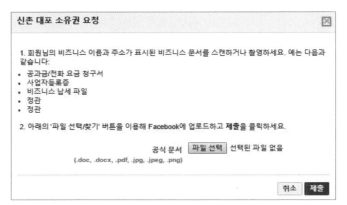

그림 19 소유권 요청 1-30

    소유권에 대한 자료(사업자등록증 사본 추천)를 첨부해서 제출하고 일정 시간이 지나면 소유권이 이전되고, 이전된 페이지에 대해 기본설정부터 진행하면 된다.

    기존 고객들의 평점 및 사진 등을 그대로 활용할 수 있다는 점에서 필수 확인사항이다.

STEP 2. 페이지 만들기

STEP 1의 과정에서 자사 상호가 검색되지 않은 경우 아래 절차에 따라 페이지를 만든다.

그림 20 페이스북 페이지 만들기

뉴스피드상에서 좌측의 페이지 만들기 혹은 우측의 메뉴 버튼을 통해 페이지 만들기를 시작한다.

그림 21 페이스북 페이지 만들기 유형 선택

페이지 만들기는 유형 선택 및 카테고리 설정부터 시작하게 된다. 각 페이지 유형별 활용 가능한 기능이 다르다. 소상공인 자영업자는 대부분 비즈니스 및 장소 유형을 선택한다.

그림 22 페이스북 페이지 만들기 카테고리

카테고리를 선택한다. 해당 카테고리가 없는 경우 유사 카테고리를 선택한다.

비즈니스 또는 장소 이름은 만들고자 하는 페이지의 이름을 뜻하며, 상호와 일치시킬 것을 추천한다. 이는 공식 페이지로 인정받기 위해서 필요한 절차다. 단 제품 및 서비스 등이 산업재산권 등에 의해 상표권등록이 되어 있는 경우 제품명, 서비스명으로 이름을 만들어도 공식 페이지로 인정받을 수 있다.

기타 전화번호, 주소 등을 기록하며, 이는 이후 정보수정이 가능하다.

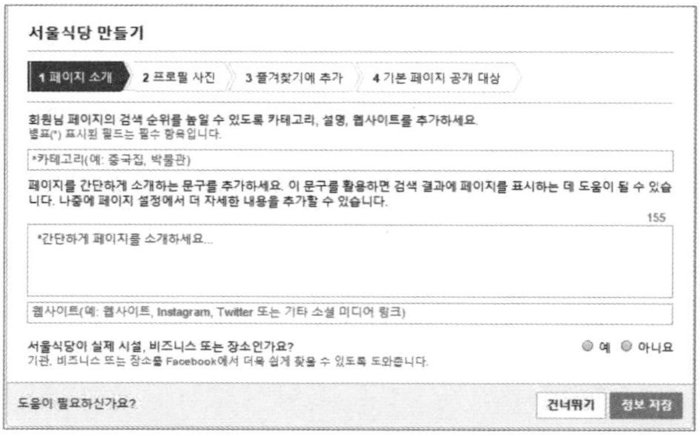

그림 23 페이스북 페이지 만들기 페이지 소개

카테고리와 페이지 소개를 기록하고 웹사이트가 있는 경우 입력한다. 카테고리와 소개는 이후 변경 가능하다.

그림 24 페이스북 페이지 만들기 프로필 사진

페이지의 프로필은 개인계정과 달리 상호나 제품명, 캐릭터를 통해 정확히 소비자에게 인지시킬 수 있도록 한다. 주로 로고나 상호를 디자인해서 업로드하는 게 일반적이다.

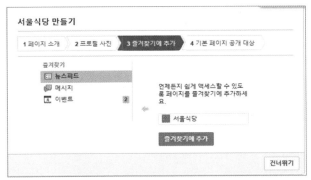

그림 25 페이스북 페이지 만들기 즐겨찾기 추가

즐겨찾기 기능을 통해 관리를 쉽게 할 수 있으며, 기본페이지 공개대상은 이후 광고를 집행할 때 타깃팅에 최적화하기 위한 단계로 건너뛰기를 해도 무방하다.

그림 26 페이스북 페이지 프로필 및 커버사진 추가

페이지가 완성되면 프로필 사진과 커버 사진을 추가하고 버튼 추가를 설정하여 페이지를 통해 예약, 전화, 문의 등이 가능토록 한다.

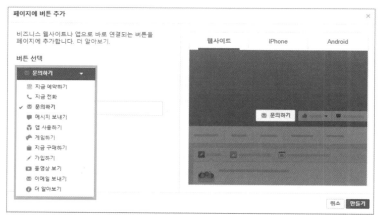

그림 27 페이스북 페이지 버튼 추가

버튼 추가 버튼은 수정이 가능하며, 오프라인 매장의 경우, 예약, 전화 등을 선택하고, 쇼핑몰을 운영하는 경우 [지금 구매하기] 버튼을 추가하는 게 일반적이다.

STEP 4. 정보입력

그림 28 페이스북 페이지 정보입력

좌측 메뉴의 정보탭을 선택하여 개요 및 페이지 정보를 최대한 기록한다.

STEP 5. 페이지 설정

그림 29 페이스북 페이지 설정

페이지 설정은 다양한 환경설정이 가능토록 되어 있다. 기능 중 실제 활용빈도가 높은 부분만을 설명하면 다음과 같다.

① 일반 : 페이지의 통합 및 삭제 가능

② 메시지 : 메시지 자동응답 및 응대가능시간 설정

③ 게시속성 : 페이지명 또는 개인계정명으로 게시

④ 알림 : 페이지 알림설정 수정

⑤ 페이지 역할 : 관리자, 편집자, 댓글관리자, 광고주, 분석자를 추가할 수 있다. 앞서 언급한 대로 관리자가 1명인 경우, 관리자 개인계정 문제발생 시 해당 페이지도 삭제되는 등 문제가 발생할 수 있다. 최소한 관리자를 2명 이상으로 설정하고, 공동편집이

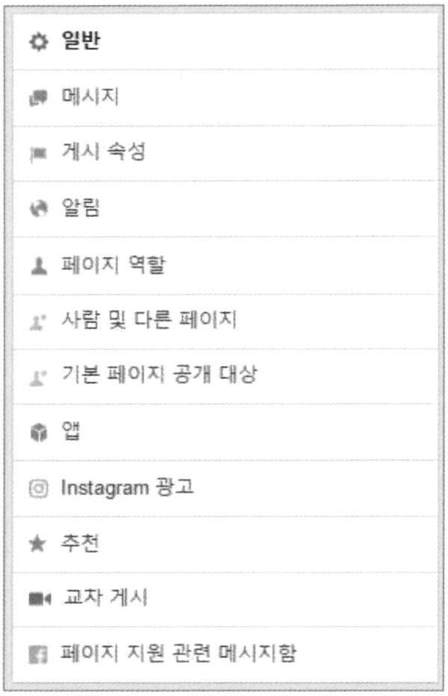

그림 30 페이스북 페이지 설정 메뉴

가능한 편집자를 추가하는 것을 추천한다. 단 관리자의 경우 페이지 전체에 대한 권한을 갖게 되므로 신중하게 추가를 해야 한다.

⑥ 사람 및 다른 페이지 : 해당 페이지를 좋아하는 사람 및 페이지를 확인할 수 있으며, 페이지 내 악의적 활동에 대한 차단이 가능하다.

⑦ 기본페이지 공개대상 : 페이지 대상연결 최적화, 실제 사용빈도 저조

⑧ 앱 : 페이스북 관련 앱 추가

⑨ 인스타그램 광고 : 페이스북 광고 시 인스타그램과 동시 광고 집행이 가능하다. 따라서 인스타그램 계정을 보유하고 있는 경우 계정을 추가한다.

⑩ 추천 : 다른 페이지 추천 및 페이지 관리자 공개

⑪ 교차게시 : 다수의 페이지에서 동영상 공유기능

⑫ 페이지 지원 관련 메시지함 : 고객센터 요청사항에 대한 상태 확인

◆ 페이지 팬 확보

페이지 팬 확보는 타깃에 대한 명확한 이해가 선행되어야 한다. 예를 들어 부산지역에 오프 매장을 가진 식당의 페이지에 다수의 서울사람들이 팬으로 있는 경우는 비효율적이다. 물론 팬을 통한 콘텐츠의 확산을 통해 효율성을 높일 수는 있지만, 기본적으로 페이지의 도달률이 현격히 낮아져 있는 상황에서는 자칫 "숫자놀음"에 엮여, 페이지 팬 숫자 늘리기에 시간과 노력을 투자하는 상황이 발생하는 경우가 많다.

우선 기본적인 페이지 팬 확보 방법부터 알아보자.

① 개인계정 친구에게 페이지 좋아요 요청

그림 31 페이스북 페이지 친구에게 페이지 좋아요 요청

페이지 우측에 위치한 친구에게 페이지 좋아요 요청을 선택하면 페이지에 접속한 개인 계정의 친구들이 나타난다. 이들에게 페이지 좋아요 요청을 하는 방법이다. 앞서 개인계정에서 개인 브랜딩을 통해 "내가 어떤 사람인지, 어떤 사업을 하는지"에 대해 친구들이 인지하고 있다면 요청에 대한 응답률이 높을 것이다.

참고로 친구에게 페이지 좋아요 요청은 페이지를 운영하는 관리자나, 편집자 등 관련인원 외에도 해당 페이지를 좋아하는 팬이라면 누구나 본인이 좋아하는 페이지로 친구들에게 좋아요를 요청 가능하다는 점을 활용하면 많은 팬을 확보할 수도 있다.

② 페이지 좋아요 광고 집행

페이스북 페이지의 광고 중 페이지 홍보하기를 활용하여 팬을 확보하는 방법이다. 이 방법은 정확한 타깃팅을 통해 광고가 집행되어야 하며, 장기적인 전략이 필요하다. 소상공인 자영업자의 입장에서는 전체 광고 콘셉트 중 비용이 높게 지출될 수 있다는 단점이 있다.

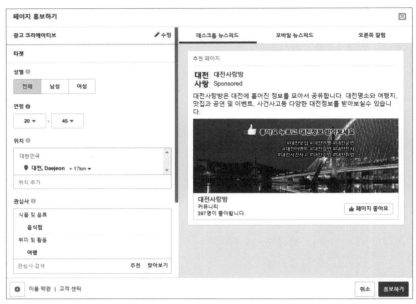

그림 32 페이스북 페이지 광고 집행

③ 콘텐츠에 좋아요를 누른 사람들의 초대

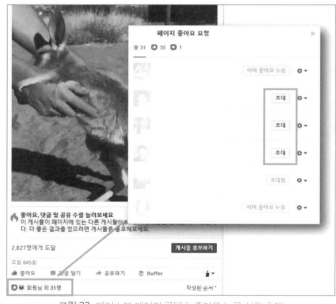

그림 33 페이스북 페이지 콘텐츠 좋아요 누른 사람 초대

페이지에 업로드한 콘텐츠를 보면 좋아요를 누른 사람들의 리스트를 확인할 수 있다. 콘텐츠 확산을 통해 해당 콘텐츠에 대해 반응을 하였으나, 아직 페이지의 팬은 아닌 사람들이다. 이 경우 콘텐츠에 대한 호감도가 높기 때문에 초대에 대한 수락 확률이 높다. 단 이 방법은 콘텐츠가 많이 누적되어 있고, 공유를 통한 확산이 많이 이루어진 경우에 효율적이다.

④ 페이지 공유하기

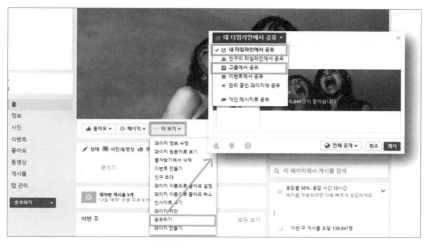

그림 34 페이스북 페이지 공유

⑤ 콘텐츠 공유하기

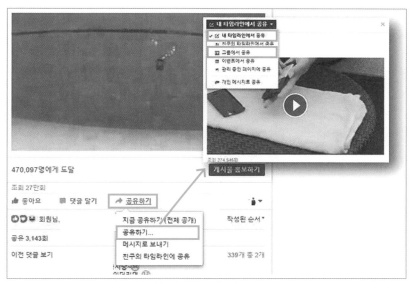

그림 35 페이스북 페이지 콘텐츠 공유

페이지나 콘텐츠를 개인계정(내 타임라인에 공유)으로 공유하거나, 가입해서 활동 중인
그룹에 공유하여 팬을 확보하는 방법이다. 이 방법은 빈도를 낮추어 공유하는 것을 추천한

다. 개인계정이나 그룹의 경우 공유를 통한 포스팅은 호응도가 낮고 반감을 일으키기 쉽다. 공유 시 입력하는 설명에 자세한 내용을 입력하는 경우에 반감이 낮아지고 팬을 확보할 수 있다.

⑥ 고객 참여

고객참여 이벤트는 충성고객을 만들 수 있는 계기를 만들어준다. 오프 매장의 경우 방문 고객들에게 해당 페이지 좋아요를 요청하고 서비스를 추가해주거나, 온라인쇼핑몰의 경우 홈페이지에 페이스북 페이지 배너 등을 노출시켜 일정 포인트를 주는 방법으로 고객들을 참여시키는 방법이 있다.

그 외에 품앗이, 홍보그룹에 공유하거나, 페이지 이름으로 활동하는 방법들이 있다.

◆ 페이지 콘텐츠 제작 및 올리기

"페이지의 핵심은 콘텐츠다."

팬의 수를 늘리고, 공유를 통한 확산을 높이며, 광고의 효과를 보기 위한 가장 기본적인 베이스가 되는 것이 콘텐츠다.

콘텐츠는 동영상, 사진, 텍스트 순으로 반응 및 공유 확산력이 높다. 소상공인 자영업의 경우 전문 디자인 콘텐츠나 카드뉴스를 만들어 콘텐츠를 업로드하는 것은 쉬운 일이 아니다. 또한 콘텐츠는 주기적으로 업로드되어야 효과를 볼 수 있다. 어떤 콘텐츠를 올려야 하는 것일까?

고객이 반응하는 콘텐츠는 감동, 유머, 정보다. 하지만 소상공이나 자영업의 경우 이런 콘텐츠를 기획하고, 제작하는 것은 한계가 있다.

최근에는 스마트폰을 통한 영상편집이 누구나 가능하도록 많은 어플들이 출시되었다.

최소한 영상편집 어플과 사진편집 어플 하나를 다룰 수 있다면 손쉽게 콘텐츠를 생성할 수 있다.

① 모든 사물은 콘텐츠다

오프 매장의 경우 매장 내에 있는 모든 사물을 활용할 수 있으며, 모든 메뉴가 콘텐츠가 될 수 있다. 이를 위해서는 관점의 변화가 필요하다.

모든 사물과 메뉴를 살아 있다고 의인화하는 방법을 추천한다. 그리고 질문을 던진다.

② 고객경험을 활용하라

소상공인 자영업자의 경우 온라인상에서 고객들이 남긴 다양한 후기들이 있다. 블로그에 자사 상호를 검색하고 나온 내용을 페이지로 공유한다. 해당 블로거는 인원유입의 효과가 있고, 페이지는 콘텐츠가 확보된다.

단 콘텐츠의 공유 외에 이미지나 동영상 등을 임의로 퍼오면 안 된다. 사전 동의하에 가져온 이미지와 동영상을 활용하면 현장감 있는 깔끔한 콘텐츠를 만들 수 있다.

오프 매장 중 단골고객의 경우 인터뷰를 활용할 수도 있다. 페이스북의 경우 생방송 기능은 막강한 파워를 가지고 있다. 특별한 서비스를 제공하고 생방송을 통해 고객의 경험을 페이지 팬들에게 직접 전달하는 방법은 최고의 효과를 볼 수 있다.

③ 외주를 통해 양질의 콘텐츠를 확보하라

온라인상에는 재능기부형태의 디자인 콘텐츠를 최소한의 비용으로 만드는 사이트들이 존재한다. 주 1회 혹은 주 2회 형태로 전문 콘텐츠를 만들어서 페이지에 업로드하고 이를 통해 광고를 집행한다. 양질의 전문 디자인은 고객들의 시선을 사로잡는 역할을 한다.

단 기획단계에서 사업자의 입장이 아닌 고객의 입장을 고려하면서 기획이 이루어져야 한다. 고객들이 원하는 콘텐츠는 무엇인가 항상 고민하고 기록하는 것이 필요하다.

● 페이지 이미지 노출방법

첫 번째 이미지 : 960px X 960px
전체이미지가 정사각형인 경우 가능

첫 번째 이미지 : 960px X 640px
두 번째 이미지부터는 사이즈 제한 없으나 정사각 비율 유지 추천

첫 번째 이미지 : 640px X 960px
두 번째 이미지부터는 사이즈 제한 없으나 정사각 비율 유지 추천

그림 36 페이스북 이미지 노출

페이스북은 이미지의 사이즈에 따라 4장 이상의 이미지를 업로드했을 때 나타나는 모양이 다르다. 이미지가 잘리지 않고 깔끔하게 구성되기 위해서는 아래 이미지 사이즈를 참고한다.

● 썸네일 이미지 노출방법

그림 37 페이스북 페이지 외부 링크 콘텐츠 올리기

웹 주소 링크로 포스팅하는 경우 썸네일 이미지가 깨지거나 작게 나오는 경우를 방지하기 위해 별도의 썸네일 이미지를 만들어서 포스팅이 가능하다.

① 외부 링크URL를 복사하여 붙여넣기 하면 썸네일이 나타난다.(썸네일이 나타나지 않는 경우 외부 링크 URL 뒤에 엔터를 누르고 기다린다.)
② + 버튼을 눌러 썸네일 이미지 (1200px X 628px)를 첨부한다.
③ 기존 썸네일 이미지를 해제한다.

④ 제목을 수정한다.

⑤ 내용을 수정한다.

⑥ 게시한다.(게시의 경우 페이지는 예약설정 기능이 있다. 여러 개의 콘텐츠를 시간대별로 나누어 예약설정하면 효율적이다.)

썸네일이 나타난 이후 해당 외부 링크URL는 삭제해도 썸네일이 사라지지 않는다.

외부링크URL 삭제 후 해당 내용에 대해 설명을 첨부한다.

그림 38 페이스북 페이지 외부링크 콘텐츠 썸네일

◆ 페이지 공동관리

페이지 공동 관리는 부족한 시간을 관리가능하게 하며, 다양한 콘텐츠를 올릴 수 있도록 한다. 또한 개인계정의 문제 발생 시 페이지에도 문제가 발생하는 것을 사전에 방지할 수 있다. 소상공인 자영업 대표와 가족을 공동 관리자로 등록하여, 계정 문제를 해결하고, 직원이나 아르바이트를 편집자로 등록하여 콘텐츠의 다양성을 확보하는 방법을 추천한다.

별도의 직원이나 아르바이트를 구인하는 것이 아니라 기존인력을 활용하되, 그에 대한

적정보상을 실시하면 비용을 절감하면서 빠르게 페이지를 키워나갈 수 있다.

페이지 공동 관리자 등록을 위해서는 기존관리자와 페이스북 친구 사이가 전제되어야 하며, 해당 페이지의 팬이어야 가능하다.

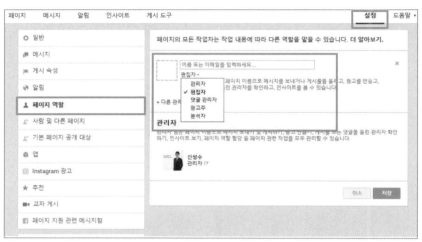

그림 39 페이스북 페이지 공동관리

조건이 충족되는 경우 페이지 설정의 페이지 역할 메뉴를 통해서 관리자와 편집자를 추가하고 저장하면 완료된다.

◆ 페이지 인사이트

페이스북 페이지는 해당 페이지 내에서 진행되는 활동들에 대한 인사이트를 제공해준다. 페이지 팬의 수가 30명이 넘어서면 제공해주는 기능으로, 페이지의 팬들의 인구통계학적 자료와 개별 콘텐츠에 대한 인사이트 등을 파악할 수 있다.

제공해주는 데이터는 방대한 자료로 이 중에서 몇 가지 유의해서 살펴봐야 할 부분을 알아보자.

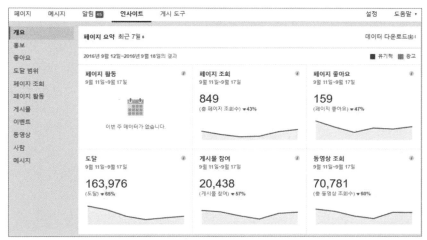

그림 40 페이스북 페이지 인사이트 개요

인사이트의 개요부분은 페이지 활동에 대한 요약데이터를 제공해준다. 1일, 7일, 28일 단위로 확인이 가능하다.

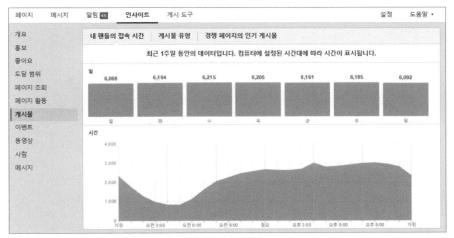

그림 41 페이스북 페이지 인사이트 팬 활동

게시물은 페이지 팬들의 접속시간을 요일과 시간대별로 확인이 가능하며, 이는 팬들의 페이지 내 접속시간으로, 콘텐츠를 업로드하는 효율적인 시간을 파악하는 데 활용이 가능하다.

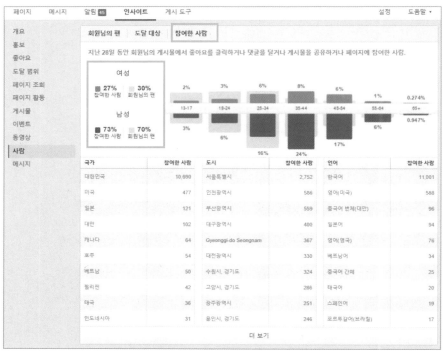

그림 42 페이스북 페이지 인사이트 사람

사람 카테고리 중 참여한 사람 항목은 유의 깊게 살펴보아야 한다. 페이지의 팬 인원과 실제 페이지에서 활동한 사람들의 격차가 적을수록 해당 페이지는 효율적으로 운영이 된다고 볼 수 있다. 페이지의 팬 수에 집착을 하게 되면, 인원수는 많지만, 참여인원과 격차가 커지는 경우가 종종 발생한다. 또한 참여한 사람들이 위치한 도시는 오프라인 매장을 운영하는 소상공인 자영업자들에게는 중요한 지표가 된다.

이런 페이스북 페이지의 인사이트는 페이지의 운영방향을 설정하는 주요지표로 활용되며, 이를 통해 콘텐츠 및 타깃 층의 방향을 수정, 보완하는 데 중요한 역할을 하게 된다.

◆ **페이스북 기본광고 세팅**

페이스북을 비즈니스 목적으로 활용하는 가장 큰 이유가 바로 페이스북 광고라고 해도 무관할 정도로 정밀 타깃팅 기능과 다양한 설정이 가능하다.

지역중심의 오프라인 매장을 포함하여, 온라인상에서 운영되는 홈페이지 및 쇼핑몰까지

그 활용범위가 넓다. 특히 유사 타깃과 맞춤 타깃 기능은 페이스북의 인공지능형 알고리즘을 극명하게 보여주고 있다. 온라인 홈페이지 및 쇼핑몰을 운영하는 사업자는 유사 타깃과 맞춤 타깃 기능을 통해 최단기간 내에 성과를 도출하는 사례가 끊임없이 보이는 상황이다.

　페이스북의 기본광고 시스템은 누구나 쉽게 사용 가능하도록 구성되어 있다.

　기본광고 타깃 설정을 통한 광고시스템에 대해 알아보자.(본서에서는 유사 타깃과 맞춤 타깃에 대한 내용은 설명하지 않는다.)

그림 43 페이스북 페이지 광고 시작

　페이스북 광고는 페이지 내의 게시물 홍보하기 버튼을 이용하는 방법과 상기 이미지처럼 메뉴에 있는 광고 만들기(광고관리자)를 통해 가능하다.

마케팅 목표가 무엇인가요?		
인지도	**관심 유도**	**전환**
게시물 홍보하기	Facebook 내외의 랜딩 페이지 방문 수 높이기	웹사이트 전환 늘리기
페이지 홍보하기	앱 설치 늘리기	앱 참여 늘리기
브랜드 인지도 높이기	이벤트 참여 늘리기	쿠폰 발급 수 높이기
	동영상 조회수 늘리기	제품 카탈로그 홍보하기
	비즈니스에 맞는 잠재 고객 확보	매장 방문수 늘리기

그림 44 페이스북 페이지 광고 목표

우선 캠페인의 마케팅 목표를 설정한다. 이는 광고의 목적을 선택하는 기능이다.

특정 게시물에 대한 홍보를 목적으로 하는 경우 인지도 항목의 게시물 홍보하기를 선택하고, 페이지의 팬 수를 늘리기 위해서는 인지도 항목의 페이지 홍보하기를 선택한다. 이때 게시물의 유형이 링크를 통해 다른 온라인상의 콘텐츠로 접근하는 것이라면 관심항목의 Facebook 내외의 랜딩 페이지 방문 수 높이기를 선택하면 된다.

게시물 홍보하기는 노출 수에 따른 비용이 지출되며, Facebook 내외의 랜딩 페이지 방문 수 높이기는 클릭당 비용이 지출되므로 신중한 선택이 필요하다.

그림 45 페이스북 페이지 캠페인

캠페인의 이름을 정하고 광고 계정을 만든다.

그림 46 페이스북 페이지 광고 계정

광고 계정은 계정국가와 통화를 설정한다.

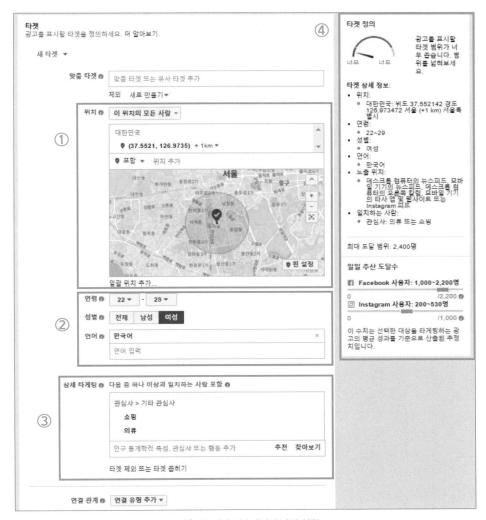

그림 47 페이스북 페이지 타깃 설정

① 위치설정 : 위치는 핀 설정을 통해 반경 1km~80km까지 설정 가능하며, 다수의 지역을 동시에 설정할 수 있다.

② 연령 및 성별, 사용언어를 설정한다.

③ 인구통계학적 특성, 관심사 또는 행동을 추가한다.

④ ①~③까지의 타깃팅에 대한 요약정보와 일일 추산도달인원을 확인할 수 있다.

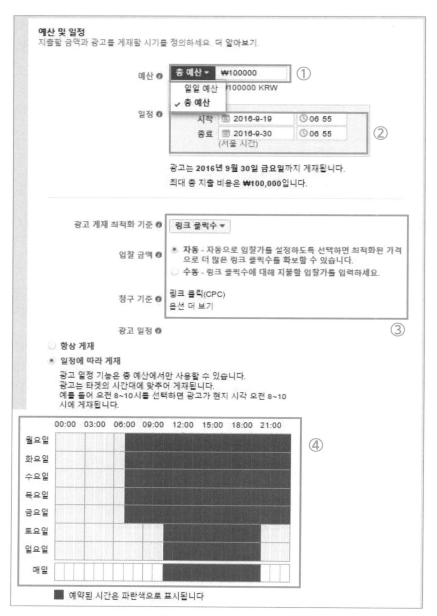

그림 48 페이스북 페이지 광고 계정

① 광고예산을 설정한다. 예산은 일일지출예산과 총예산으로 구분된다. 일일지출예산은
설정한 비용이 지출이 완료되는 시점에서 당일 광고가 종료되며, 익일 다시 광고가
집행된다. 총예산은 기간 중 전체지출비용으로 총예산으로 설정 시 ④ 항목의 요일별
광고시간을 지정할 수 있다.

② 일정을 설정한다. 광고일정을 날짜와 시간을 맞추어 설정이 가능하다. 효율적인 광고를 위해서는 최소 1주일 이상의 광고 집행을 추천한다.

③ 광고는 노출 수에 따른 광고비 지출과 CPC^{Cost per click}, 일일고유도달로 구분된다. URL 포스팅을 통한 웹사이트 연결의 경우 CPC를 선택하여, 클릭당 광고비용이 지출토록 하며, 이미지를 포스팅한 경우 노출 수 선택을 추천한다.

마케팅 목표에 따라 광고 게재 최적화 기준을 판단하여 광고예산 지출항목을 설정해야 하며, 페이스북의 경우 입찰방식으로 입찰가는 자동입찰가 방식을 지정해야 광고가 최적의 비용으로 노출될 수 있다.

예산 및 일정을 설정 후 광고세트 이름을 지정하고 집행할 광고를 선택한다.

그림 49 페이스북 페이지 광고 게시물

① 광고 집행은 새로운 광고를 광고관리자 내에서 직접 만들 수도 있으며, 기존 게시물을 이용한 광고도 가능하다. 기존게시물을 통한 광고 집행을 통해 광고를 진행한다.

② 광고를 집행하기 위한 페이지와 페이지의 게시물을 선택한다. 인스타그램 계정을 통해 인스타그램도 동시 광고 집행이 가능하다.

③ 광고를 진행하고자 하는 게시물의 광고 집행 시 각 항목별로 미리보기를 통해 이미지 깨짐 현상 등의 오류를 사전에 확인이 가능하며, 특정 항목에 광고가 집행되지 않도록 설정이 가능하다.

④ 페이스북 광고는 기존에 포함된 이미지의 텍스트가 전체 이미지의 20%를 넘는 경우 광고승인이 거절되었으나, 최근 정책변화로 텍스트 비율에 대한 제한이 사라졌다. 단 텍스트 비율이 20% 이상인 경우 광고의 도달률이 하락하는 등 효율성이 떨어지게 된다.

주문하기를 통해 광고주문을 완료하면 페이스북의 광고가이드라인을 기준으로 해당 광고의 승인여부를 판단하게 되며, 승인이 완료되면 광고가 집행된다.

광고 진행 상태 및 광고수정은 메뉴의 광고관리를 선택을 통해 진행이 가능하다.

그림 50 페이스북 페이지 광고관리

광고관리를 통해 총 지출비용 및 캠페인별 진행상황, 광고 집행 인사이트를 확인할 수 있다.

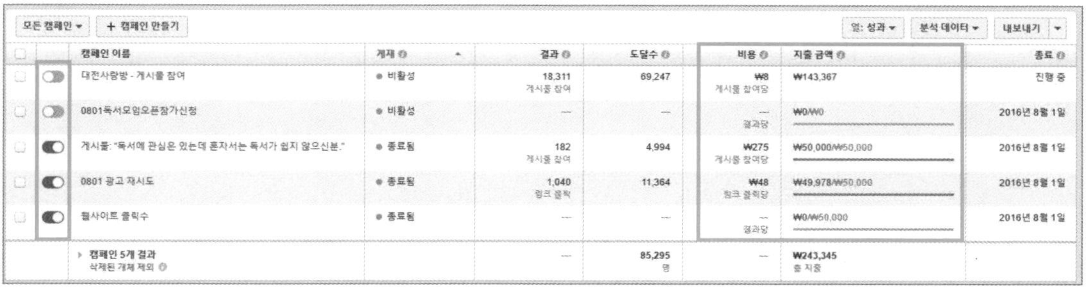

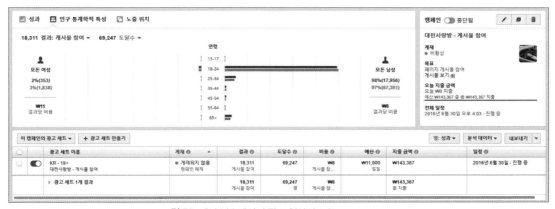

그림 51 페이스북 페이지 광고 인사이트

광고는 기간만료에 의한 종료와 비활성화를 통해 광고 집행을 정지시킬 수 있으며, 해당 캠페인명을 선택하면 인구통계학적 특성 및 노출위치 등이 확인가능하며, 다양한 분석데이터를 확인할 수 있다.

그림 52 페이스북 페이지 광고 인사이트 2

광고승인 후 결과당 광고비용, 즉 광고단가는 변동된다. 결과당 광고비용은 자동입찰방식을 통해 설정되므로 설정한 목표와 타깃이 중복되는 경우, 상대적으로 높은 비용이 설정되기도 한다. 그러나 이런 광고 집행은 기존 온라인 검색광고와 비교했을 때 저렴한 비용으로 광고가 가능하다. 단 페이스북을 통한 광고가 증가하고 있는 상황을 감안하면 향후 광고단가는 상승할 수 있으며, 설정목표와 타깃 선정을 통해 광고비를 효율적으로 집행하는 노하우가 필요하다.

소상공인 자영업의 경우 페이스북 광고를 통해 얻고자 하는 바를 명확히 하는 것이 중요하다. 단순히 이미지 노출을 통한 브랜딩 효과를 기대하기보다는, 옐로아이디로 전환을 유도하고, 옐로아이디를 통해 이후 PUSH 전략으로 홍보를 진행한다면 효율적일 것이다. 또한 온라인상의 설문지(구글 설문지, 네이버 설문지)를 통해 DB를 수집하고 활용하는 부분도 추천한다. 단 고객 DB 수집은 개인정보보호법의 절차와 범위를 벗어나서는 안 된다.

페이스북 페이지의 운영은 페이지의 팬 수 확보보다 최적화된 콘텐츠를 통한 광고가 현실적이다. 단순노출이나 웹사이트 방문 등의 목적보다는 위에서 설명한 전환을 통한 잠재고객확보를 목표로 해야 한다. 페이스북을 하나의 창구로 활용하되 온라인상에서 고객관리가 가능한 다른 플랫폼과의 연계전략을 수립하고 실행해야 한다.

페이스북 그룹 활용

페이스북의 개인계정, 페이지와 더불어 그룹의 활용은 비용을 지출하지 않고 효과적인 홍보가 가능하다. 물론 그룹에 대한 불편한 시선들이 존재하는 상황과 시간이 많이 소요된다는 단점은 있다. 그룹의 활용을 위해서는 특정 고객들이 모여 있는 그룹을 검색하는 노하우가 필요하다. 비즈니스와 연관된 특정 관심사를 가진 그룹을 찾아 가입, 활동하거나 지역 내 오프라인 매장을 가진 경우 해당 지역의 그룹을 찾아서 가입하고 활동을 해야 한다.

페이스북의 그룹은 기존 온라인 커뮤니티의 카페와 유사한 성격을 가진다.

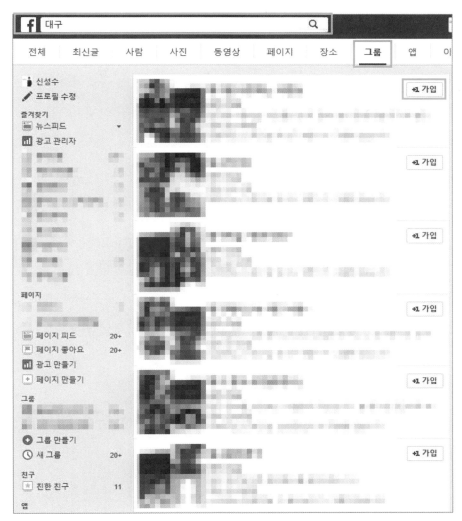

그림 53 페이스북 페이지 그룹가입

페이스북 검색창에 비즈니스와 관련된 키워드를 입력하고 검색을 시작한다. 검색 메뉴 탭에서 그룹을 선택하면 관련 키워드를 포함한 그룹들이 나타나며 가입 버튼을 통해 가입을 진행한다.

페이스북 그룹은 공개그룹, 비공개그룹, 비밀그룹으로 나누어지며, 관리자의 그룹 내 환경설정에 따라 승인 없이 가입이 가능한 곳과 승인이 필요한 곳으로 구분된다.

승인이 완료되면 그룹에 직접 포스팅이 가능하다.

그룹 내 활동은 커뮤니티의 성격을 가지고 있기 때문에 과다한 직접 홍보형태보다는 간접홍보형태의 콘텐츠 업로드를 추천한다. 단 일부 그룹의 경우 인원수대비 활성화가 되어 있지 않아 비효율적인 그룹들이 있다. 이러한 그룹의 활동은 비효율적이다.

그룹 내 참여인원들의 정보 확인과 친구추가를 통해 최적화된 잠재고객을 확보할 수 있다. 그룹은 관심사가 동일하거나 동일 지역 내 거주하는 경우가 많다는 점을 참고하면 개인계정의 잠재고객 친구추가가 가능할 것이다.

최근 페이스북은 판매기능이 포함된 판매그룹 기능을 선보였으며, 페이지를 통한 판매기능도 미국을 중심으로 테스트가 진행되고 있다. 그룹 내 판매기능은 결제시스템이 포함되어 있지 않지만, 페이지의 판매기능에는 결제 시스템까지 포함되어 기존 소셜커머스 시장까지 비즈니스 영역을 확대하고 있는 상황이다. 물론 한국어 시스템에 적용되기까지는 시간이 소요될 수도 있지만 향후 전개되는 상황에 따라 페이스북의 활용도는 점차 높아질 것이다.

페이스북은 조금씩 진화하고 있다. 진화하는 페이스북을 활용한 소상공인 자영업의 성공을 기대한다.

③

유튜브를 이용한
동영상 마케팅

구기모

YOUTUBE Marketing

저자 **구기모**

한국평생교육원 이사
유한대학교 교양학부 외래교수
한국상담협회 전임교수

이메일: kkm0526@gmail.com
홈페이지: www.kookeymo.com
블로그: www.richrule.co.kr
페이스북: www.facebook.com/socialtainer
유튜브: https://www.youtube.com/c/구기모
인스타그램: www.instagram.com/socialtainer
슬라이드쉐어: http://www.slideshare.net/keymokoo

이젠 지겨울 정도로 많이 들어본 강남 스타일, 2016년 9월 25일 현재 강남 스타일의 유튜브 조회 수는 아래의 이미지와 같이 약 26억 건이 넘었다.

전 세계에 인터넷을 사용하는 인구가 30억 정도라고 하니 정말 대단한 숫자라고 할 수 있다.

그런데 만약 강남 스타일이 동영상 대신 오디오만 있었다면 어떻게 되었을까?

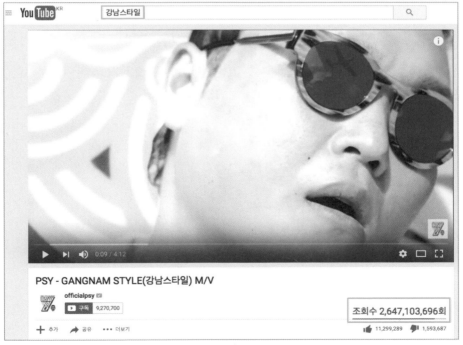

그림 1

아마도 2014년 전 세계에 강남 스타일 열풍을 일으키지는 못했을 것이다. 강남 스타일은 음악성이 뛰어나 오래도록 들어도 좋은 노래라기보다는 동영상을 통해 재미와 즐거움을 동시에 보여주는 것으로 큰 성공을 거둔 사례라고 할 수 있다.

스마트폰의 등장으로 소셜미디어가 폭발적으로 성장하면서 페이스북, 트위터 등이 엄청난 성장을 거듭하고 유튜브 역시 동영상 공유 플랫폼으로서 현재 10억 명 이상의 가입자가 있으며, 이는 인터넷 사용인구의 1/3에 해당되는 엄청난 수치이다.

또한 88개국 이상에서 현지화된 버전으로 출시되었으며 76개의 언어로 검색이 가능하다고 한다.

만 18세~49세의 사용자들은 미국의 모든 케이블보다 시청률이 높다고 하니 유튜브의 영향이 얼마나 강력한지 느끼게 된다.

가장 강력한 소비를 즐기는 연령층을 감안하면 마케팅에 있어서 유튜브는 필수 소셜미디어 플랫폼이라 할 수 있다.

유형의 상품부터 무형의 상품까지 유튜브를 이용하지 않는 상품이 없을 정도로 유튜브를 이용한 마케팅은 이제 보편화되었다.

특히 사진과 글로 표현할 수 없는 무게나 강도, 옷감의 재질, 너풀거림, 제품의 설명이나 설치방법, 글로벌 시대 언어를 뛰어넘을 수 있는 장점을 갖고 있기도 하다.

채널 가입하기

　유튜브를 이용하기 위해서는 가장 먼저 가입을 해야 하는데, 기본적으로 구글 계정이 있어야 한다. 보통 안드로이드 스마트폰을 사용하는 사람들은 구글 계정이 있지만 아이폰 사용자의 경우 간혹 구글 계정이 없기 때문에 구글에 우선 가입을 해야 한다. 현재 스마트폰의 연결된 계정을 알고 있다면 동일한 계정으로 로그인하는 것이 가장 좋다.

　먼저 구글 계정에 가입하고 유튜브(www.youtube.com)에 접속한다.

　접속하고 개요를 선택한 후에 새 채널 만들기를 클릭한다.

　채널 이름을 입력한 후에 카테고리 선택 후 완료를 클릭하면 채널이 생성된다.

　채널 이름은 검색에 노출되기 때문에 고객들이 상품 혹은 서비스에 대해 검색을 할 때 노출이 될 만한 키워드를 정하고 선택하는 것이 좋다.

　채널이 만들어지면 프로필 이미지와 채널 아트를 제작해서 업로드하고 연결 계정을 등록하면 채널이 완성된다. 연결시킬 계정은 페이스북, 구글플러스, 홈페이지 등이 가능하다.

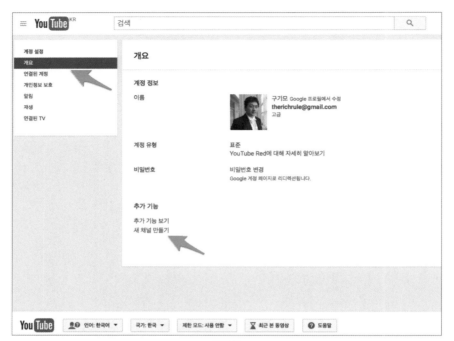

그림 2

그림 3

구독하기

　우선 내 채널에 동영상을 업로드하기 전에 다른 채널과 영상을 살펴 볼 필요가 있다. 지금은 어떤 동영상이 유행이며 어떤 채널들이 인기가 많은지 찾아보고 업무나 개인적인 취미 등에 도움이 되는 채널이 있다면 구독하는 것도 좋은 방법이다.

　구독을 하기 위해서는 유튜브 검색창에서 검색하고자 하는 동영상 혹은 채널에 유사한 키워드를 입력하고 검색을 한다.

　아래와 같이 스마트워크 강사로 검색을 하면 파란색 글씨가 동영상의 제목이 보이고 채널의 이름도 확인이 가능하다. 만약 채널 내의 동영상을 계속 보고 싶다면 채널을 클릭하고 들어가서 구독하기를 선택하면 된다.

　구독 채널이 많아지면 아래의 이미지와 같이 구독 채널을 확인할 수 있으며 채널에 새로운 동영상이 업로드될 때마다 이메일 등으로 받아보기도 가능하다.

그림 4

그림 5

동영상 업로드 및 수정, 확산하기

동영상 업로드

동영상을 업로드하기 위해서는 PC 혹은 스마트폰에 동영상이 촬영되어 있거나 실시간 촬영을 해서 업로드할 수 있는데, 아래의 이미지처럼 업로드는 크게 4가지 정도로 설정을 나눌 수 있다.

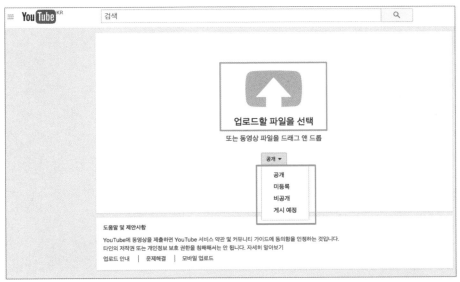

그림 6

공개는 검색에 노출이 되고 동영상마다 URL이 있는 형태이며 미등록은 검색에 노출이 되지 않지만 동영상마다 URL이 있어서 URL을 알고 있다면 보거나 공유할 수 있는 형태이다.

비공개는 노출이 되지 않으며 URL도 없어서 동영상 관리자가 이메일 형태로 몇 사람에게만 공유가 가능한 형태이며 게시 예정은 원하는 시간에 업로드하기 전에 미리 동영상을 업로드하는 형태를 이야기한다.

우선 미등록을 선택하고 동영상을 업로드해 보자.

PC 혹은 스마트폰의 동영상을 선택하고 업로드를 시작하면 아래의 화면과 같이 여러 가지 설정들이 나온다.

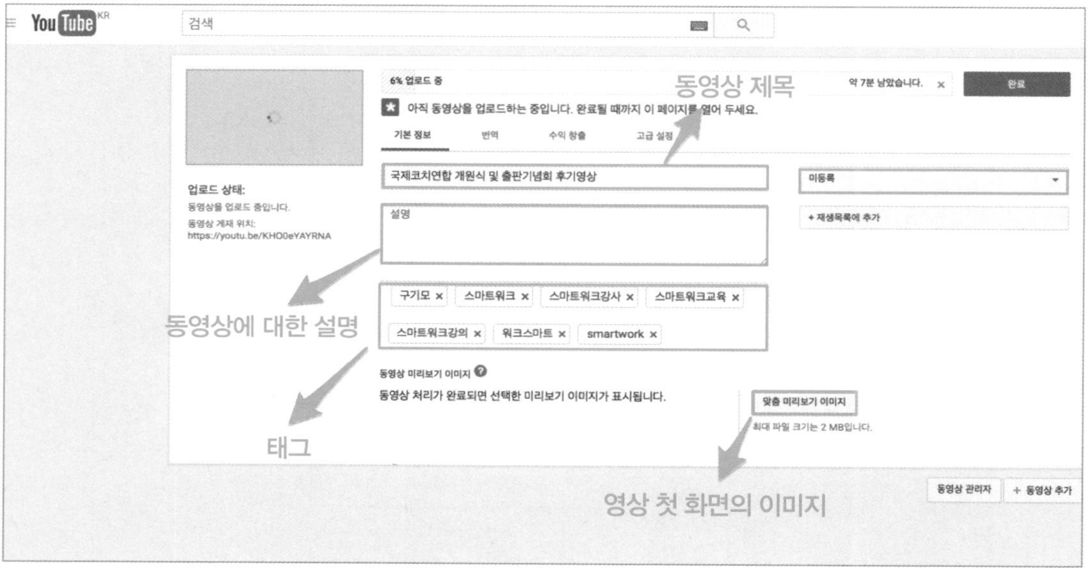

그림 7

제목부터 이미지까지 여러 가지 입력사항이 있는데 가장 중요한 것은 제목이다. 검색을 할 때 가장 노출에 도움이 되는 것이기 때문이다. 그 후에 태그와 설명이 노출에 영향을 준다.

영상 첫 화면의 이미지는 채널에 들어와 동영상을 확인할 때 제목 이외에도 동영상 미리보기 화면을 보고 선택하는 경우가 있는데 이때 도움이 된다. 하지만 제목만큼은 아니니 이미지를 편집하기가 어렵다면 이 부분 때문에 시간을 많이 허비할 필요는 없다.

미등록으로 업로드했지만 동영상 관리자에서 언제든지 공개 혹은 비공개로 변경이 가능하다.

수정하기

업로드된 동영상은 동영상 관리자에서 언제든지 수정이 가능한데, 직접 업로드한 동영상은 다운로드도 가능하다.

아래의 이미지와 같이 동영상 관리자를 선택하고 동영상을 수정하거나 삭제 혹은 자막을 넣는 등 여러 가지 기능을 이용할 수 있다.

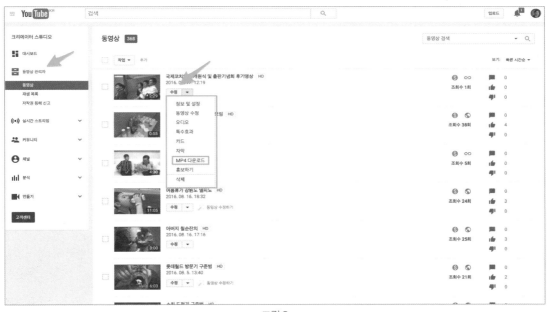

그림 8

확산하기

업로드된 동영상은 공개를 설정하게 되면 구글이나 유튜브 검색에 노출이 되는데, 아직 조회 수가 적거나 처음 동영상을 업로드할 경우에는 노출이 거의 되지 않는다. 그렇기 때문에 동영상이나 채널을 다른 소셜미디어 플랫폼을 이용해 확산하기가 필요하다.

우선 동영상을 확산하는 방법은 동영상을 선택하고 공유를 클릭하면 각 소셜미디어 플랫폼으로 바로 보내거나 동영상의 URL을 복사해 붙여넣기 하는 방법이 있다.

아래와 같이 동영상의 URL을 확인해 복사하면 원하는 곳에 붙여 넣기가 가능하다.

그림 9

소셜미디어 플랫폼 이외에도 문자메시지, 메신저 등으로도 붙여 넣기가 가능하며 URL을 본 사용자가 클릭하게 되면 유튜브에 접속하여 동영상 시청이 가능하다.

URL을 공유하는 또 다른 방식이 있는데, 바로 소스 코드이다. 소스 코드는 블로그나 홈페이지 등에 HTLM 형태로 붙여 넣어 유튜브에 접속하지 않고 자체 페이지에서 동영상을 시청할 수 있는 방법이다.

위 이미지에 공유 우측에 있는 소스 코드를 클릭하여 URL을 복사한 다음 블로그나 홈페이지에 HTLM으로 입력 방식을 변경하여 붙여넣기 하면 된다.

마지막 방법은 채널을 확산하는 방법이다.

방법은 유사한데 복사하는 URL은 아래의 이미지처럼 내 채널을 선택하면 위 주소창에 나오는 URL이 있는데 그게 바로 채널의 주소다. 설정에서 주소 변경이 가능하며 이메일이나 홈페이지 서명에 연락처와 주소와 같이 적어 놓으면 좋다.

URL을 붙여 넣거나 공유하는 방식은 유사하기 때문에 따로 설명은 하지 않았다.

그림 10

유튜브 외에 영상 콘텐츠 공유사이트는 다음과 같다.

비메오(Vimeo)：www.vimeo.com

바인(Vine)：www.vine.com

데일리모션(DailyMotion)：www.dailymotion.com

투도우(Tudou)：www.tudou.com

다른 공유사이트에도 시간을 내서 공유하도록 해보자.

목록 만들기
(https://youtu.be/kUX7NEyKHpA)

〈QR코드를 스캔하시면 자세한 설명을 동영상으로 시청하실 수 있습니다.〉

재생목록 만들기

목록은 두 가지의 의미가 있다고 할 수 있는데, 첫 번째는 내가 자주 보거나 따로 묶어서 관리하고 싶을 경우에 이용하게 되는데, 다른 채널의 동영상도 가능하다.

두 번째는 내 채널에 업로드되어 있는 영상을 목록화하여 목록 전체로 노출을 시키고자 할 때 사용한다. 특히 유튜브에서는 검색을 할 때 동영상만 검색되는 것이 아니라 목록이나 채널도 동시에 검색이 되기 때문에 동영상의 특성에 따라 목록을 만드는 것이 좋다.

목록이 노출될 경우 하나의 영상이 아니라 여러 개의 동영상이 노출되기 때문에 채널을 알리는 데 큰 도움이 된다.

아래의 이미지는 영상을 시청하다가 목록을 만드는 모습이다.

그림 11

확인된 동영상에서 추가 + 버튼을 선택하여 원하는 목록에 추가하거나 새 재생 목록 만들기를 클릭하고 목록의 제목을 입력 후 목록 만들기를 할 수 있다.

재생 목록의 이름도 동영상의 제목처럼 어떻게 노출될 것인가 생각해보고 입력하는 것이 좋다.

동영상 편집하기

　최근 유튜브에 업로드되고 있는 동영상들을 살펴보면 잘 편집된 것이 많아지고 있다. 몇 년 전까지만 하더라도 촬영된 동영상을 그냥 업로드하는 수준이었는데, 어린 학생부터 전문적인 유튜브 크리에이터까지 전문가처럼 편집 수준이 많이 향상된 것 같다.

　전문적인 편집 툴부터 초보자도 쉽게 사용할 수 있는 앱까지 몇 가지 알아보도록 하자.

전문가용 편집 프로그램

　3가지 정도가 가장 많이 사용되는 프로그램인데, 가장 손쉽게 사용할 수 있는 프로그램 중 하나가 바로 베가스프로다.

　베가스프로는 무비메이커를 사용해 본 경험이 있다면 무난하게 사용이 가능하다. 무비메이커의 프로버전 정도로 볼 수도 있는데 무비메이커와의 차이점은 프로그램이 조금 무겁다는 것이다.

　보통 램이 8기가 이상 되어야 편집할 때 불편함이 적다고 할 수 있다.

　두 번째는 프리미어 프로다. 어도비의 프로그램 중 하나이며 프리미어 프로의 가장 큰 장점은 편집기능이 매우 많이 있는 것과 연동이 되는 프로그램이 많이 있다는 것이다.

　가끔 프로그램이 다운되어 동영상을 날리는 경우가 있다고 하지만 사용 환경에 따라 조금씩의 차이는 있다고 할 수 있다.

에프터이펙트, 다이내믹링크 등 특수효과부터 최근 예능에 등장하는 자막까지 전문가들이 가장 많이 사용하는 프로그램 중 하나다. 하지만 복잡하고 어려운 사용방법과 프로그램 자체가 무척 무겁기 때문에 간단한 편집을 하기에는 적절하지 않다고 할 수 있다.

마지막 세 번째는 파이널컷프로다. 이 프로그램은 프리미어프로보다 가볍고 중간에 오류가 발생하는 경우도 거의 없으며 사용방법은 베가스처럼 어렵지 않아서 초보자에서 중급 혹은 고급사용자로 넘어가는 사람이라면 꼭 추천하고 싶은 프로그램이다.

하지만 윈도우 운영체제에서 사용이 불가능하다는 것이 단점이라고 할 수 있다. 파이널컷프로는 애플의 운영체제에서만 사용이 가능하다.

초보자용 편집 프로그램

초보자용 편집 프로그램 중 오랫동안 가장 많이 사용되고 있는 것은 앞서 잠깐 언급했던 무비메이커다.

기본적으로 PC에 설치된 상태로 나오기 때문에 누구나 쉽게 접하고 쉽게 편집할 수 있다. 하지만 기본프로그램이기 때문에 많은 기능을 바라기는 어렵다.

이걸 보완해 줄 수 있는 초보자용 프로그램 중 가장 다양한 효과부터 자막을 보유하고 있는 것이 곰믹스다. 곰믹스는 곰플레이어를 만든 그래텍의 프로그램이다.

출시된 지 얼마 되지 않았지만 최근 빠른 속도로 오류를 잡고 있어서 안정적인 사용이 가능하다.

자막도 원하는 위치에 쉽게 넣을 수 있어서 사용자가 많이 늘고 있다.

마지막으로는 유튜브다. 유튜브에서도 간단한 동영상 편집이 가능하다.

다음의 이미지처럼 미리 업로드된 동영상을 간단히 편집할 수 있는데, 유튜브 편집 툴의 가장 큰 장점은 유튜브 내에 업로드되어 있는 무료 음원을 사용할 수 있다는 것이다.

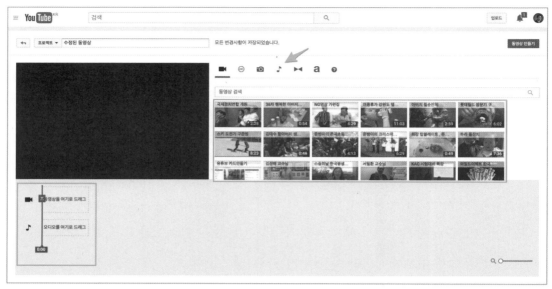

그림 13

스마트폰 편집 프로그램

스마트폰에서도 직접 편집을 할 수 있는 어플리케이션이 있는데, 아이폰을 사용하고 있다면 아이무비를 사용하는 것이 가장 좋다.

우선 사용이 무척 쉽고 원하는 길이의 영상을 만들 수 있으며 자막과 음원 그리고 화면 전환효과까지 웬만한 기능은 거의 다 갖추고 있으며 편집된 동영상을 다운로드 받거나 바로 소셜미디어 플랫폼으로 공유할 수도 있다. 단 안드로이드에서는 사용이 불가능하다.

그 다음으로 추천할 수 있는 어플리케이션은 비바비디오VIVA VIDEO와 매지스토MAGISTO 가 있는데, 비바비디오는 무료로 사용할 경우 동영상 내에 광고처럼 브랜드 로고가 보이는 단점이 있지만 사용방법은 무척 쉽고 빠른 속도로 편집이 가능하다.

매지스토는 편집을 한다기보다는 원하는 동영상과 사진을 선택하면 어플리케이션 자체적으로 편집을 해서 보여주는 형태라고 볼 수 있다. 그게 매지스토의 장점이자 단점이라 할 수 있다.

그 밖에 위비디오WEVIDEO, 키네마스터KINEMASTER 등이 있으며 유튜브 어플리케이션 자체에서도 간단한 편집이 가능하다.

카드 만들기
(https://www.youtube.com/watch?v=yPjlmDCYL_c)

〈QR코드를 스캔하시면 자세한 설명을 동영상으로 시청하실 수 있습니다.〉

카드 만들기

유튜브에서 동영상을 시청하다 보면 연관된 동영상, 목록 혹은 사이트 등의 연결을 알려주는 메시지를 볼 수 있는데, 이 기능을 잘 활용하면 내 채널 내에 있는 동영상을 계속 시청하게 하거나 웹사이트 등을 홍보할 수 있다.

너무 많은 카드를 제작하는 것은 자칫 동영상 몰입에 방해가 될 수 있지만 적절한 카드는 시청자가 오랜 시간 내 채널과 웹사이트 내에서 계속 돌아다니게 할 수 있는 매우 좋은 방법이라고 할 수 있다.

카드 만들기는 초보자가 하기에는 조금 어려울 수 있기 때문에 위에 QR 코드를 스캔해서 동영상을 시청하면 이해가 쉽다.

우선 카드를 만들기 위해서 동영상을 선택하고 다음의 이미지와 같이 "i" 카드 버튼을 선택한다.

그림 14

그 다음 카드가 나올 곳을 아래의 이미지와 같이 선택하는데, 다음에 보여주고 싶은 동영상에 대한 언급이 있는 부분을 선택하고 동영상 또는 재생 목록 만들기를 선택한다.

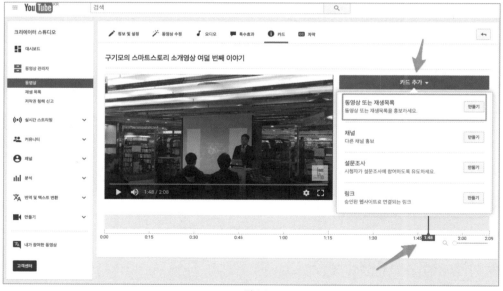

그림 14

채널, 설문조사, 링크도 가능한데 링크는 네이버 블로그나 카페 등은 연결이 되지 않는다.

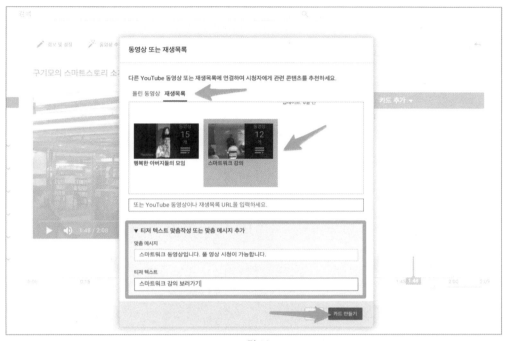

그림 16

만들기 다음에는 다음 페이지와 같이 동영상 혹은 재생 목록을 선택할 수 있다. 필자는 스마트워크에 대한 이야기가 나올 때 스마트워크 강의라는 재생 목록에 대한 카드가 보일 수 있도록 스마트워크 강의 재생 목록을 선택했고 아래의 이미지와 같이 맞춤 메시지와 티저 텍스트를 입력하고 카드 만들기를 선택하였다.

완성이 되면 다음의 이미지와 같이 정해진 시간이 되면 알림 메시지와 함께 티저 텍스트가 보이고 클릭하기 마우스를 가져다 대면 맞춤 메시지가 보인다. 이때 맞춤 메시지를 클릭하면 선택되었던 재생 목록으로 가게 된다.

그림 17

　재생 목록에서 원하는 영상을 모두 볼 수 있으므로 시청자가 내 채널을 구독할 수 있는 확률도 커지고 본인의 재생 목록에 추가하거나 내 채널 내의 동영상을 보다 많이 볼 수 있는 확률이 커진다고 할 수 있다.

핵심전략

텍스트가 기반인 블로그나 카페 그리고 페이스북, 인스타그램이 유행하면서 사진과 텍스트의 조합이 일반적인 소셜미디어의 소통 방식이었다면 유튜브는 동영상이 기반이다.

UCC가 인기를 끌면서 동영상을 스마트폰으로 보는 것이 생소하지는 않지만 여전히 유튜브에 동영상을 업로드하는 것이 익숙하지 않고 촬영한 동영상을 보기 좋게 편집하는 것은 더 어려울 수도 있다. 하지만 유튜브를 통해 동영상을 시청하는 시청자와 시청시간이 점점 늘어나고 있다는 것을 인지한다면 반드시 유튜브에 동영상을 이용한 마케팅은 선택이 아닌 필수라고 할 수 있다.

전문가용 편집 프로그램을 익히고 좋은 캠코더로 촬영을 하면 가장 좋겠지만 일반인들이 하기에는 많은 시간이 필요하다. 그리고 방송사의 정형화된 동영상보다는 어설픈 내용이 때로는 인기를 더 끌기도 한다.

무엇보다도 재미가 있어야 하고 길이가 길어서는 안 된다. 마지막으로 결론부터 보여줘야 시청자들을 잡아 놓을 수 있다는 것을 꼭 명심하기 바란다.

그러기 위해서는 동영상 촬영을 하기 전에 구독자가 많은 채널, 조회 수가 많은 동영상을 벤치마킹하고 기획 단계부터 심혈을 기울인다면 언젠가는 동영상을 유튜브에 업로드하는 것이 어렵지 않게 될 것이며 그 자체가 또 다른 즐거움이 될 수도 있을 것이다.

ICA 국제코치연합TV	(주)국제코치연합
SNU	서울대학교 채널
PewDiePie	전세계 구독자 1위 채널(게임)
Michelle Phan	뷰티관련 채널(30세 이하의 30인 아트 스타일 부분에 선정된 30인 중 1명)
idea gorilla	톡톡튀는 아이디어를 짧은 영상으로
CNET KOREA	트렌드와 스마트디바이스
UNDERkg	스마트폰과 기타 디바이스 언박싱과 리뷰
Shoot for Love 슛포러브	축구이벤트를 통한 소아암 환자를 돕는 채널
플라톤아카데미TV	퀄리티 높은 인문학 강좌가 모두 무료
ssin 씬님	대한민국에서 가장 유명한 뷰티채널
한국민속촌	한국민속촌 채널
세계 미래포럼	미래와 트렌드
세바시	한국판 테드, 세상을 바꾸는 시간 15분
letter rich	하루 1분 마케팅

4

감성을 자극하는 사진 마케팅
"인스타그램"

민대영

INSTAGRAM Marketing

저자 민대영

㈜어반컴퍼니 대표
온라인창업트렌드연구소 소장
삼성에듀닷컴 강사

Email : urban0417@naver.com
Facebook : www.facebook.com/urban0417
Instagram : www.instagram.com/urbantrend
Blog : blog.naver.com/urban0417

가장 핫한 SNS 인스타그램

인스타그램Instagram이란 무엇인가

요즘 많은 사람들 입에서 오르내리는 말이 인스타이다.

인스타그램Instagram을 뜻하는 말로 기존에 글 위주에 사진을 첨부하던 페이스북이나 카카오스토리와 다르게 사진 한 장이나 짧은 영상을 올릴 수 있는 SNS이다.

> **Tip**
>
> 인스타그램이라 부르면 '아재'라는 말이 있을 정도로 요즘 젊은 친구들 사이에서는 '인스타'라고 줄여 부르고 있다.

기존의 페이스북이나 카카오스토리의 경우 뉴스피드 형식으로 내가 원하지 않은 정보를 어쩔 수 없이 볼 수밖에 없으며 관심 없는 친구들의 공유 글들과 무분별한 광고들로 인해 거부감이 많이 생기게 되었다.

또한 주변 지인들과의 관계로 인해 '좋아요'와 댓글 등을 남길 수밖에 없어 많은 피로감을 받게 되었고 나의 사생활을 알리고 싶지 않는 직장상사나 동료들에게까지 모두 보이는 것이 꺼려졌던 사용자들이 인스타그램으로 주 사용 SNS을 이동하게 되었다.

특히 인스타그램은 이용자의 90% 이상이 35세 미만의 젊은 층으로 여성 이용자들과 패션과 푸드에 관심이 많은 이용자들이나 관련 종사자들을 중심으로 모여 있어 패션이나 뷰티 분야의 마케팅에서는 절대적으로 필요한 플랫폼으로 자리 잡았다.

최근 들어서는 다양한 분야에 여러 이용자들에게까지 확대되고 있어 페이스북 다음으로 제2의 SNS으로 성장하고 있다.

마케팅 도구로써 인스타그램

인스타그램의 인기에는 스마트폰 카메라 기술의 발전이 큰 몫을 하였다. 기존의 텍스트 위주로 기록을 남기던 스마트폰 이용자들이 이제는 사진으로 기록을 남기는 것이 보편화되었고 모바일 통신 속도가 빨라지면서 큰 용량의 파일도 빠른 속도로 전송할 수 있게 되면서 기존의 텍스트 위주의 정보전달에 한계를 느꼈던 SNS 이용자들은 글보다는 사진으로 정보를 전달하기를 원하게 되었다. 또한 어려서부터 스마트폰을 접한 세대들은 글이 아닌 이미지가 익숙한 세대로, 활자보다 사진이나 영상들의 시각물을 선호하게 되었다.

기업의 입장에서 생각해 보면 텍스트를 이용한 지식이나 정보를 전달하는 방법과는 다르게 사진은 정보 이상의 감성을 전달할 수 있는 역할을 한다. 기존의 문장으로 지식과 정보를 전달하는 개념에서 발전하여 사진과 같은 이미지로 메시지를 전달하는 방식으로 제품의 기능이 아닌 감성을 전달하는 마케팅 방법을 선택하였고 이런 마케팅에 가장 잘 적합한 플랫폼이 인스타그램이다.

해시태그

인스타그램이 인기를 끌면서 해시태그의 중요성이 많이 부각되기 시작했다. 글이 아닌 이미지 위주의 SNS에서 정보를 검색하기란 매우 어려운 일이다. 이런 사진들을 검색할 수 있게 꼬리표(태그)를 달아주고 이용자들은 원하는 사진을 태그를 통해 검색할 수 있다. 이러한 기능을 하는 태그를 표시하는 방법을 해시태그라고 한다.

해시 기호(#) 뒤에 원하는 태그를 달아주면 해시태그가 완료되며 우리가 검색되고 싶은 해시태그는 몇 개라도 인스타그램에 표현할 수 있다.

예를 들어보자.

이 사진은 제주도여행 당시 찍은 사진이다. 캠핑을 하려고 텐트를 친 후의 모습을 사진 찍었고 이 사진을 인스타그램에 포스팅하려고 한다.

인스타그램에 사진을 포스팅하면서 이 사진이 노출되고자 하는 검색어를 해시태그를 이용하여 만들어 보도록 하겠다.

용어 정리

해시태그

해시태그는(hashtag)는 소셜 네트워크 등에서 사용되는 것으로 해시 기호(#) 뒤에 특정 단어를 쓰면 그 단어에 대한 글을 모아서 볼 수 있다.

이 사진을 찍은 곳은 '제주도'에 있는 섬, '우도' 옆의 조그마한 섬 '비양도'이다. 그리고 여기서 '캠핑'을 했으며 필자가 가지고 간 예쁜 텐트는 '폴러'라는 텐트이다. 또한 요즘 많은 캠퍼들이 사용한다는 '헬리녹스' 의자를 가져갔다.

위 내용은 이 사진을 설명한 글이다. 만약 블로그나 다른 SNS이었으면 사진과 함께 글을 함께 올리면 된다. 하지만 인스타그램은 글보다는 사진을 보기 위한 SNS이다. 그럼 사진과 함께 의미를 부여할 수 있는 짧은 태그 정도로 표현해야 한다.

그러기 위해서 이 사진에 나타내고 싶고 검색되고 싶은 단어들을 모아 보았다. 이 단어들을 가지고 해시태그를 만들어보자.

#제주도 #우도 #비양도 #캠핑 #폴러 #헬리녹스

여기에 좀 더 검색률을 높이기 위해서는 #제주도 #캠핑 #힐링 등의 관련된 해시태그를 함께 넣어주면 좋다.

해시태그를 입력해 포스팅한 인스타그램이다.

해시태그를 사용할 때 한 가지 주의할 점은 검색률을 높이기 위해 사진과 전혀 무관한 해시태그를 마구 집어 넣는다면 스팸으로 신고를 당할 수도 있으며 자신이 원하는 정보와 전혀 다른 정보가 검색된다면 광고나 스팸 계정으로 생각하고 다시는 접속하지 않을 수도 있다.

해시태그를 넣을 땐 너무 욕심 부리지 말고 꼭 관련된 해시태그만 이용하기 바란다.

인기 해시태그

인스타그램 안에선 여러 가지 인기 해시태그들이 있다. 특히 ㅇㅇㅇ스타그램이라는 해시태그를 많이 볼 수 있다. 이는 관심사 뒤에 스타그램을 붙여서 좀 더 재미있게 표현하는 방법이다. 인스타그램에서 자주 볼 수 있는 몇 가지 해시태그를 알아보도록 하겠다.

음식 : 먹스타그램, 맛스타그램, 먹스타그램, 밥스타그램 등
뷰티 : 뷰티스타그램, 뷰티그램
셀카 : 얼스타그램, 셀스타그램 등
패션 : 옷스타그램, 멋스타그램
일상 : 맘스타그램, 육아그램

팔로워, 팔로잉

인스타그램을 처음 시작하다 보면 가장 어렵게 느껴지는 것이 '팔로우'와 '팔로잉'의 개념이다. 인스타그램은 페이스북처럼 서로 친구가 되는 개념이 아닌 내가 원하는 관심사의 사진을 포스팅하는 계정을 선택해서 받아보는 개념이다.

인스타그램에서 해시태그만큼 중요한 개념으로 기존에 트위터에서 사용했던 개념과 같은 뜻이다. 팔로워와 필로잉을 설명하기 전에 먼저 알아야 할 단어가 팔로우[follow]이다.

팔로우[follow]란

누군가를 따른다는 뜻으로 특정계정의 글을 보겠다는 뜻이다. 자신이 다른 사람을 팔로우하게 되면 '팔로잉'으로 표시되며 반대로 다른 사람이 나를 팔로우하면 그 사람은 나의 '팔로우'가 되는 것이다.

다시 정리하자면 다른 사람이 내 인스타그램이 마음에 들어 자신의 인스타그램에서 나의 게시물이 보이게 팔로우하면 팔로워 숫자가 늘어나고 반대로 내가 다른 사람의 소식을 내 인스타그램에서 보기 위해 팔로우하면 팔로잉의 숫자가 늘어난다.

팔로워 : 나를 팔로우하는 계정의 수

팔로잉 : 내가 팔로우하는 계정의 수

처음에는 조금 어려울지 모르나 인스타그램을 자주 사용하다 보면 자연스럽게 이해하게 되는 개념이니 어렵게 생각하지 않고 운영해 나가면 된다.

선팔, 맞팔, 언팔

팔로우의 개념을 이해했으면 이제 선팔, 맞팔, 언팔을 알아보도록 하겠다.

인스타그램의 프로필 내용이나 댓글들을 보자.

"선팔했습니다, 맞팔해주세요.", "선팔하면 무조건 맞팔.", "언팔하면 차단."

위와 같은 글들을 많이 볼 수 있다. 아마도 팔로우의 개념을 이해했다면 쉽게 이해할 수 있는 단어들이다. 먼저 간단하게 용어를 정리하도록 하겠다.

선팔 : 먼저 팔로우한다.

맞팔 : 서로 팔로우한다.

언팔 : 팔로우를 취소한다.

용어 정리

팔로우 : 내가 당신의 인스타그램을 내 타임라인에서 보겠다는 행동.
팔로잉 : 내가 당신을 팔로우하는(보고 있는) 중이라는 뜻.
팔로워 : 나의 인스타그램을 타임라인에서 받아보고 있는 다른 계정의 수.

선팔과 맞팔은 SNS상에서 자존심을 나타내는 방법으로 쓰여진다. 먼저 상대방에게 팔로우를 한다는 것은 내가 그 사람에게 관심이 있고 친구가 되고 싶다고 손을 내미는 뜻이다. 이 팔로우를 먼저 하느냐 안 하느냐가 SNS상에서는 자존심과 연결되는 것으로 특히 인스타에서 자신이 어느 정도 영향력을 행사하는 수준의 계정이거나 자존심이 강한 사람의 경우 먼저 자신에게 팔로우하지 않으면 절대 먼저 하지 않겠다는 뜻을 비치기도 한다. 이것이 "선팔하면 맞팔"이라는 뜻이다.

먼저 친구가 된다고 손을 내밀면 '내가 그 손을 잡아주겠다.'라는 뜻으로 보면 된다. 그런 언팔한다는 의미는 무엇일까?

언팔은 '친구 관계를 정리한다.'와 같다. 서로 팔로우를 하면서 계정에 열심히 좋아요를 눌러주고 댓글을 달아주고 있는데 어느 날 그 사람이 나와의 팔로우관계를 정리했다는 것은 '이제 당신의 인스타그램을 보고 싶지 않다.'라는 뜻이다. 즉 SNS상에서의 단절을 뜻하는 것으로 이렇게 언팔한 계정은 나도 기분이 나쁘니 차단하겠다는 것이 "언팔"하면 차단이라는 뜻이다.

일반적으로 처음 시작하는 계정의 경우 팔로워 수보다 팔로잉 수가 많다. 얼굴을 모르는 SNS상에서 친구를 만들기 위해서는 가장 먼저 필요한 것이 선팔이다. 하지만 연예인이나 공인 그리고 유명 브랜드 계정의 경우 팔로잉 수가 극히 한정적이거나 거의 없는 경우도 있다. 팔로워 수는 많은 데 팔로잉 수가 아주 적거나 1또는 0인 경우는 내가 인스타그램상에 유명한 사람이라는 것을 강하게 표현하는 일종의 자부심이라고 볼 수 있다.

처음 인스타그램을 시작하면 팔로워를 늘리기 위해 다른 계정을 팔로잉하게 되고 그로 인해 정작 필요한 지인들의 계정을 보기가 힘들다고 느껴지면 정리를 하기 시작하는데 이때 언팔을 당한 사람들은 상당히 기분이 상하게 되고 그로 인해 팔로워 수가 줄어들기도 한다. 또한 이러한 방법들은 온라인상에서 좋지 못한 인상을 심어 줄 수 있으므로 언팔은 매우 조심해서 해야 하는 행동 중의 하나이다.

(참고로 필자도 얼마 전 팔로우를 정리하다가 팔로워 수가 급격하게 줄어드는 아픔을 느꼈다.)

나만의 사진앨범 인스타그램

인스타그램은 사진 한 장 또는 동영상 한 개만 포스팅할 수 있는 SNS이다.

동영상의 길이는 예전 15초에서 최근 업데이트를 통해 최대 60초까지 업로드가 가능하게 되었다. 모바일 전용 플랫폼으로 PC에서는 보는 것은 가능하지만 포스팅은 불가능하다.

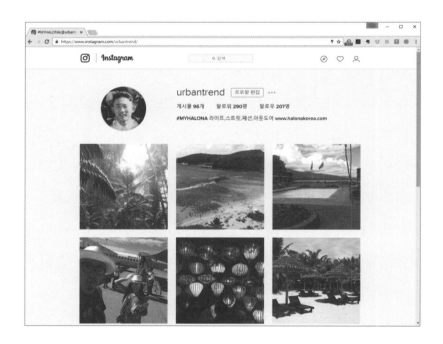

인스타그램의 특징은 친구를 맺지 않더라도 댓글을 남기는 것이 가능하고 자신의 정보 노출이 적기 때문에 이용자들은 궁금한 점을 적극적으로 댓글을 이용하여 질문을 남긴다. 또한 최근 상업적으로 많이 변질된 블로그보다 신뢰도가 높아 해시태그를 이용하여 인스타그램을 정보검색의 용도로 사용하는 경우가 많다.

이러한 인스타그램을 마케팅에 활용하기 위해 여러 기업들은 기업용 계정을 만들기 시작했고 지금은 대부분의 기업이 인스타그램 계정을 활용하고 있다.

그럼 지금부터 사용방법을 알아보도록 하겠다.

가입하기

인스타그램은 페이스북과 연동이 잘되어 있는 SNS으로 페이스북 아이디로도 가입이 가능하다. 이메일 또는 전화번호로도 가입이 가능하나 페이스북으로 가입하는 것을 추천한다.

가입은 PC와 모바일 모두 가능하나 인스타그램은 모바일 전용 플랫폼으로 모바일에서 가입하는 것이 편하고 좋다.

모바일 가입화면

PC 가입화면(http://instagram.com)

인스타그램 기본 메뉴 알아보기

기본적인 인스타그램의 메뉴에 대해 알아보도록 하겠다. 인스타그램을 사용하면서 이용하게 되는 대부분의 기능들이 이 메뉴들 안에서 이루어진다. 이런 메뉴들은 매우 중요하므로 잘 숙지하고 사용하기 바란다.

① 프로필 정보
② 계정선택 : 사용할 인스타그램의 계정을 선택할 수 있다.
③ 사람 찾기 : 페이스북이나 연락처를 가지고 있는 친구의 인스타그램을 찾을 수 있다.
④ 옵션 : 여러 가지 옵션을 설정할 수 있다.
⑤ 포스팅 정렬 : 타임 형태, 타임라인 형태, 태그된 사진

⑥ 홈 : 타임라인 형태로 팔로우한 계정들의 사진이나 형상을 확인할 수 있다.
⑦ 검색 : 계정이나 해시태그로 검색할 수 있으며 내가 관심 있을 만한 사진을 인스타가 자동으로 보여준다.
⑧ 공유 : 게시물을 공유(포스팅)할 수 있다.
⑨ 알림 : 내 게시물의 좋아요나 알림 등을 볼 수 있다.
⑩ 계정 : 현재 화면 상태, 내 계정의 정보를 볼 수 있다.

프로필 수정방법

인스타그램을 가입하고 나면 프로필을 수정해 주어야 한다. 프로필은 온라인상에서 다른 사람들에게 나를 알릴 수 있는 중요한 요소이다. 새로 인스타그램을 개설하였다면 사진과 이름 외에 다른 정보는 따로 수정해주어야 한다.

그럼 프로필 수정방법을 알아보도록 하자.

① [계정] ─ [프로필 수정]을 선택한다.

Tip

프로필 수정은 언제든지 가능하므로 완벽하지 않더라도 다음에 다시 수정하면 된다.
계정ID도 언제든지 변경이 가능하다.

② 이름과 계정 등은 언제든지 변경이 가능하다. 프로필 하단에 웹사이트의 주소나 소개 등을 노출할 수 있게 입력하면 된다. 개인정보에 성별도 선택할 수도 있다. 입력이 끝나면 [완료]를 선택한다.

③ 프로필이 변경된 것을 확인할 수 있다.

프로필을 완료하였으면 인스타그램을 사용할 준비가 끝났다. 이제 사진을 공유해서 본격적으로 인스타그램을 시작해 보도록 하겠다.

① 하단의 카메라 모양의 아이콘을 선택한다.

② 직접 사진을 찍는 방법과 찍은 사진을 편집하는 방법이 있다. 사진을 선택하고 동그라미 버튼을 선택하면 촬영이 된다. 동영상도 같은 방법으로 촬영하면 된다.

③ 기존의 사진을 올리는 방법은 [갤러리] ― [사진선택] ― [다음]을 선택한다.

④ 필터를 선택하여 사진에 효과를 낼 수 있다. 필터를 사용하지 않을 수도 있다.

⑤ [수정]을 선택하면 사진을 섬세하게 조정하여 여러 가지 효과를 낼 수 있다. 모든 작업이 끝나면 [다음]을 선택한다.

⑥ 사진에 대한 간단한 설명을 작성한다. 인스타그램의 특성상 많은 글보다는 감성적인 사진과 짧은 글 그리고 적당한 해시태그가 효과적이다.

⑦ 글 작성을 완료한 후 필요에 따라 [위치추가], [사람 태그하기]를 입력한 후에 [공유하기] ― [페이스북]을 선택한다. 지금 사용 중인 스마트폰에 로그인되어 있는 계정으로 바로 함께 공유가 된다. [트위터]나 [텀블러] 등을 사용 중이면 함께 공유해도 좋다. 설정이 완료되면 상단의 [공유하기]를 선택한다.

⑧ 사진 공유하기가 완료되었다. 글의 수정이나 삭제가 필요하면 상단의 [옵션]을 선택한다.

⑨ 페이스북에 공유된 포스팅을 확인해보겠다. 인스타그램에서 공유된 글들은 인스타그램에서 사진을 게시했다는 문구와 함께 포스팅된다.

다른 이용자들과 소통하기

인스타그램의 검색은 중요한 메뉴이다. 인스타그램 안에서 우리의 고객이 될 수 있는 이용자들의 관심사를 프로필이나 해시태그를 이용하여 검색하여 고객들과 관계를 형성할 수 있다.

만약 '하와이' 에 관심이 많은 이용자를 찾기 위해 해시태그를 이용하여 '하와이'에 관련된 사진들을 검색하고 그 사진에 좋아요를 누르고 그 사진을 공유한 계정을 팔로우를 통해 관계를 형성시키는 것이 인스타그램을 통한 마케팅에 중요한 요소이다.

> **Tip**
>
> 20대들은 검색의 용도로 인스타그램을 사용하는 경향이 강하며 블로그 보다 인스타그램의 검색결과를 더욱 신뢰한다. (블로그는 상업적이라고 생각)

◆ 검색하기

하단에 돋보기 모양의 검색 아이콘을 통해 검색이 가능하다.

상단 입력란에 검색할 단어 '하와이'를 입력한다.
입력한 검색에 대한 검색 결과를 세분화하여 확인할 수 있다.

① 전체 검색결과

② 계정(사람) 검색결과

③ 해시태그 검색결과

④ 위치 검색 결과

◆ 팔로우하기

마음에 드는 계정을 발견하게 되고 이 계정의 소식을 계속 받고 싶다면 팔로우를 할 수 있다. 인스타그램은 페이스북이나 카카오스토리에 친구개념에 부담을 느낀 사용자들이 많이 넘어온 탓에 이런 소통 없는 댓글과 일방적인 팔로우는 무시되기 일쑤이지만 '팔로우' 수를 늘리기 좋아하는 이용자들끼리 서로 품앗이 개념에 '맞팔'과 '좋아요'가 존재하기도 한다.

팔로우는 누가 먼저 하는 것이 중요한 것이 아니다. 좋은 사진과 자기와 관심분야가 맞는다고 생각되면 언제든지 '팔로워' 수는 늘어나게 된다.

선택한 계정의 메인 화면에 [팔로우]를 선택하여 팔로우한다.

Tip

인스타그램은 좋은 사진과 검색을 많이 하는 해시태그를 넣어야 팔로워수를 늘릴 수 있다. 무작정 팔로우를 많이 한다고 내 팔로워 수가 늘어나지 않는다.

[팔로우]였던 버튼이 녹색 [팔로잉] 버튼으로 변경되며 팔로우가 완료된다.

◆ 좋아요와 댓글 남기기

인스타그램에서 소통이란 '좋아요'이며 이는 페이스북과 같은 기능을 하고 있다. 인스타그램에 좋아요를 남기고 좀 더 친근하게 댓글을 남기는 방법도 알아보도록 하자.

마음에 드는 사진을 발견했다면 [좋아요] 버튼을 누르면 된다. 다시 [좋아요]를 누르면 취소된다. 또는 사진을 빠르게 두 번 터치하면 [좋아요]가 되고 마찬가지로 한 번 더 반복하면 좋아요가 취소된다.

하트가 빨강색으로 변했다면 [좋아요]가 된 것이며
상대방 알람에 [좋아요]를 눌렀다는 것이 표시된다.

댓글을 남기는 방법은 다른 SNS들과 동일하다.
[말풍선] 아이콘을 선택하면 댓글을 달 수 있다.

인스타그램에서는 댓글을 남기면서 다이렉트 메시지를 보낼 수 있다. 다이렉트 메시지는 1:1 메시지를 뜻하는 것이다. 이는 메신저의 기능을 대신한다.

다이렉트 메시지를 보낼 때에는 댓글 입력창에서 왼쪽 화살표시를 누른 후 메시지를 보낼 사람의 아이디를 [@]와 함께 입력한 후 메시지를 남기면 된다.

또 다른 방법으로 다이렉트 메시지를 보내는 방법은 타임라인에서 상단 오른쪽에 있는 메시지함 모양으로 생긴 아이콘을 선택하면 다이렉트 메시지를 보낼 수 있다.

다이렉트 메시지는 인스타그램을 이용한 마케팅 시 중요한 역할을 한다. 인스타그램에서 '팔로우' 수가 많고 우리 브랜드와 어울리는 관심사를 갖는 이용자에게 협찬을 통한 인스타그램 사진 공유를 요청할 때 다이렉트 메시지가 많이 사용된다. 반대로 인스타그램 이용자 중에 다이렉트 메시지로 먼저 협찬을 요구하는 경우도 있다.

새로운 기능 인스타그램 스토리

최근 인스타그램은 인스타그램 스토리라는 새로운 기능을 업데이트 하였다.

동영상이나 사진의 슬라이드쇼에 간단한 댓글들과 함께 나타나고 24시간 후면 사라지게 되는 기능이다. 이는 가볍게 내 친구들과 나의 일상을 공유할 수 있고 인스타그램이나 페이스북에는 지속적으로 남지 않아 조금은 세련되지 않은 사진이나 영상이라도 가볍게 올릴 수 있게 되어 부담 없이 즐길 수 있는 인스턴트 비디오 메시지이다.

그림이나 동영상을 올리고 원하는 그림이나 문구를 넣을 수 있으며 다이렉트 메시지로 바로 보낼 수 있으며 보여주고 싶은 사람과 그러지 않은 사람을 선택할 수 있다.

아직은 한국에선 이런 종류의 인스턴트 SNS가 보편화 되지 않았지만 조만간에 많은 이용자들이 이 스토리를 이용할 것이라 생각된다.

◆ 스토리 올리기

인스타그램 상단에 원형 프로필 아이콘이 나열된 곳이 스토리를 볼 수 있는 곳이다. 내가 팔로우하고 있는 계정들의 스토리가 보이고 확인을 하게 되면 제일 끝으로 순서가 바뀌게 된다.

스토리를 올리는 방법은 상단에 카메라 모양을 누르면 스토리를 올릴 수 있다.

① 촬영버튼 : 길게 누르고 있으면 동영상 , 짧게 누르면 사진을 찍을 수 있다.

② 플래시 : 플래시를 켤 수 있다.

③ 촬영모드 : 카메라 모드와 셀카 모드로 변경 가능하다.

④ 갤러리 : 이 부분을 위로 밀어 올리게 되면 24시간 내에 찍어두었던 사진을 사용할 수 있다.

⑤ 옵션 : 옵션을 설정 가능하다.

⑥ 취소 : 메인화면으로 돌아간다.

◆ 옵션 설정하기

옵션 설정에서 가장 중요한 것은 스토리를 내가 원하는 사람에게만 보여줄 수 있다는 것이다. 인스타그램 스토리가 핵심적인 기능으로 홍보하고 있는 기능으로 [스토리를 숨길사람] 하단을 선택하여 계정을 입력하고 선택하면 그 사람에게는 내 스토리가 보이지 않는다. 그외 메시지 답장에 관한 옵션도 선택 가능하다.

◆ 사진 찍고 편집하기

내 스토리에 올릴 사진을 찍으면 편집 화면으로 변경된다.

① 글씨 쓰기

　찍은 사진위에 원하는 문구를 넣을 수 있으며 글자의 색상을 선택할 수 있다.

② 그림 그리기

　상단에서 팬의 모양을 선택하고 하단에서 색상을 선택 할 수 있다.

　자유롭게 아무런 모양이나 그림을 그릴 수 있다.

③ 저장 : 편집한 사진을 갤러리에 저장할 수 있다.

④ 내 스토리 : 내 스토리에 사진을 올릴 수 있다. 올리게 되면 24시간동안 공유가 가능하다.

⑤ 다이렉트 메시지 : 원하는 사람에게 다이렉트 메시지로 편집한 사진을 보낼 수 있다.

◆ **내 스토리 확인하기**

상단에 내 프로필 아이콘을 선택하면 내 스토리를 확인할 수 있다. 스토리는 한 장만 올릴 수도 여러 장을 올릴 수 도 있다. 여러 장의 스토리의 경우 시간에 지나면 다음 스토리로 자동으로 변경 된다.

① 상단바 : 스토리의 숫자만큼 바의 개수가 늘어난다.

② 방문자 : 내 스토리를 본 사람의 수만큼 숫자가 늘어난다. 클릭하면 자세하게 확인 가능하다.

③ 옵션 : 삭제, 게시물로 공유, 사진 저장, 스토리 설정을 할 수 있다.

인스타그램 비즈니스 계정

인스타그램은 최근 업데이트를 통해 비즈니스 계정을 만들 수 있도록 하였다.

페이스북 페이지와 연동한 계정으로 비즈니스 계정을 만들 수 있는데 기존에 개인 계정을 간단한 설정만으로 비즈니스 계정으로 전환할 수 있도록 만들었다.

일반계정과 비즈니스 계정의 차이점은 프로필에 직접 연락 가능한 전화번호와 이메일 노출이 가능하며 [인사이트]를 통한 게시물의 노출 통계와 팔로워의 인구통계학적 특성정보 등의 확인이 가능하다.

방법은 그래프 모양의 아이콘을 선택하면 [인사이트]로 접속이 가능하다.

인사이트에서는 게시물의 노출 수, 도달 수, 프로필 조회 수, 웹사이트 클릭 수와 팔로워들이 인스타그램을 이용하는 평균시간 등을 확인할 수 있어 마케팅에 도움이 되는 통계자료를 얻을 수가 있다.

또한 [홍보하기] 도구를 통해 유료광고가 가능해졌다는 것이 가장 큰 특징이다.

◆ 비즈니스 계정으로 전환하기

기존의 개인 계정으로 운영하던 인스타그램을 비즈니스 계정으로 전환하는 방법을 알아보겠다. 프로필 상단 오른쪽에 [옵션]을 선택하고 [비즈니스 프로필로 전환]을 선택한다.

페이스북 페이지 연결에서 내가 관리하는 페이지 중에 인스타그램 비즈니스 계정을 연결한 페이지를 선택하고 비즈니스 프로필을 입력하면 계정 전환이 완료된다.

다시 개인계정으로 돌아가고 싶을 땐 언제든지 [옵션]을 선택하여 [개인 계정으로 전환]을 선택하면 된다.

◆ 게시 글 홍보하기

비즈니스 계정의 가장 큰 특징은 유료 광고를 진행할 수 있다는 점이다.

광고방법은 기존에 페이스북 광고를 진행했다면 쉽게 진행할 수 있게 페이스북 광고와 유사한 형태를 갖추고 있다.

먼저 홍보할 게시물을 눌러 선택하고 게시물 아래에서 [홍보하기]를 선택하다.

행동유도 버튼을 눌러 [더 알아보기], [동영상 더 보기], [지금 구매하기], [지금 예약하기], [가입하기], [문의하기] 중 원하는 행동유도 버튼을 선택하고 이동할 페이지의 링크를 입력한다.

타깃은 기본으로 설정되어 있는 자동으로 설정하거나 직접 설정하고 싶으면 [직접 만들기]를 클릭하여 새 타깃을 집적 설정할 수 있다.

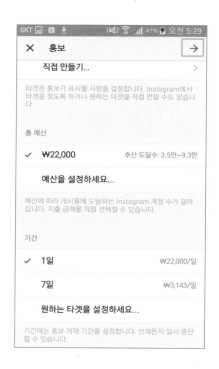

그 후 총예산과 광고 기간을 설정하고 상단에 [화살표]를 선택하여 완료하면 광고가 진행된다.

홍보검토에는 일반적으로 60분 정도가 소요되며 검토 및 승인이 완료된 후 게재되기 시작한다. 홍보에 필요한 비용의 결제는 상단 [옵션] − [계정] − [결제]를 통해 결제수단을 지정할 수 있으며 페이스북에 연결된 결제수단을 인스타그램에서도 연동하여 이용이 가능하다.

Tip

유료광고인 홍보하기는 타켓팅이 매우 중요하다. 정확한 타켓팅을 설정하지 못할경우 쓸데없는 광고비를 지출하게 된다. 예를 들어 여성복 쇼핑몰의 경우 남성에게까지 홍보할 필요성은 매우 적다. 그러므로 타켓팅은 자동 설정보다는 직접 설정하는 것이 좋다.

인스타그램에 유용한 앱

인스타그램을 이용하기 위해 유용한 앱 몇 가지를 소개하겠다.

여러 사진 편집들과 일반 이용자들이 사용하는 앱들이 있지만 여기에서는 소상공인들이 마케팅 도구로써 인스타그램을 사용할 때 필요하게 되는 앱 몇 가지를 소개하도록 하겠다.

리포스트Repost for Instagram

인스타그램의 또 다른 사용방법 중에 리포스트(리그램이라고도 한다.)라는 것이 있다.

리포스트는 포스팅된 사진을 다시 내 인스타그램 계정에 포스팅한다는 뜻으로 다른 계정에 올라와 있는 사진을 내 계정으로 가져올 때 사용한다.

기업용 계정의 경우 협찬한 제품을 착용하거나 사용하는 모습을 포스팅한 사진을 다시 우리 계정에 올릴 때 사용하는데 이때 리포스트의 워터마크는 '이 사진은 우리가 포스팅한 게 아니라 실제 사용자가 직접 포스팅한 것이다.'라는 것을 간접적으로 알려주는 방법으로도 사용된다.

옆의 사진은 우리 브랜드의 제품을 협찬받아 인스그램에 올린 사진을 리포스트한 인스그램이다. 하단에 리포스트한 계정을 표시함으로써 제품을 사용한 소비자가 직접 찍어 올린 사진이라고 간접적으로 알리고 있으며 출처를 밝히는 용도로도 사용 가능하다.

리포스트 앱은 여러 가지가 있다. 국내에서 제작된 앱부터 해외 앱까지 여러 가지 앱이 있지만 그중에서도 가장 깔끔하게 리포스트 할 수 있는 Repost for Instagram을 사용하는 것을 추천한다.

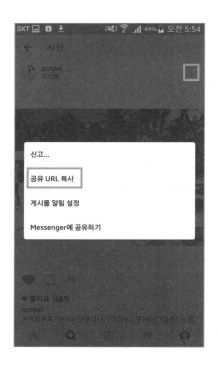

먼저 리포스트 앱을 실행한 후 인스타그램에서 리포
스트할 사진을 찾아 상단에 점 3개 모양의 [옵션] —
[공유 URL 복사]를 선택한다.

그 후 리포스트한 계정으로 알려주는 워터마크의 위
치를 선택한 후 [Repost]를 선택한다.

[Open Instagram]을 선택하여 인스타그램에서 사진을 공유하면 완료된다.

Layout from Instagram

인스타그램에 포스팅할 사진을 독특한 레이아웃으로 최대 9장을 배치하여 개성 있는 사진을 만들 수 있는 앱이다. 인스타그램과 연동하여 편하게 사용 가능한 앱으로 사진을 한 장만 포스팅할 수 있는 인스타그램에 여러 장의 사진을 올리고 싶을 때 사용되는 앱이다.

Tip

리포스트를 할 때는 항상 저작권에 신경 써야 한다. 다른 사람의 인스타그램에 올린 사진은 모두 저작권이 있기 때문에 동의 없이 리포스팅을 하면 안 된다. 상업적인 목적으로 사용하였다면 더 큰 문제가 될 수 있으니 리포스팅을 하기 전에는 꼭 동의를 받고 해야 한다.

Boomerang From Instagram

인스타그램에 움짤을 포스팅 할 수 있는 앱이다. 인스타그램과 연동하여 사용하기 쉬우며 재미있는 움직이는 짧은 영상을 사진처럼 올릴 수 있다.

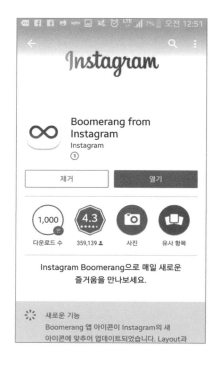

iOS 전용 앱으로 빠르게 움직이는 동영상을 촬영하여 인스타그램에 올릴 수 있는 앱이다. 긴 동영상을 빠르게 압축하여 올릴 수 있어 재미있는 영상을 연출할 수 있다.

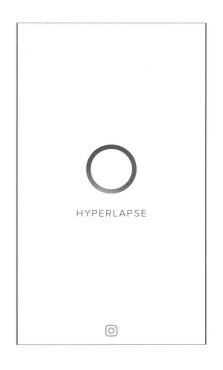

이지다운로더(인스타그램을 위한 이지 다운로더)

인스타그램에 공유된 사진이나 동영상을 다운받기 위해서 필요한 어플이다.

인스타그램은 앱 안에서 사진이나 동영상의 다운로드 기능을 제공하지 않는다. 때문에 사진이나 동영상을 소장하기 위해서는 다운로드앱이 필요하다.

인스타그램에 공유되어 있는 사진과 영상들은 모두 저작권을 가지고 있다. 저작권을 침범하지 않는 내에서 사용하여야 한다.

용어 정리

움짤

움직이는 짤방(짤림방지)의 줄임말. 움직이는 GIF 파일을 총칭함.

사용방법은 매우 간단하다. [이지다운로더]를 실행한 상태에서 인스타그램 게시물 상단 [옵션] – [공유 URL 복사]를 선택하면 사진이 다운로드된다.

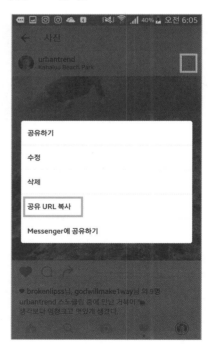

네이버 모두

탁현준

NAVERMODOO Marketing

저자 **탁현준**

현) 한국평생교육원 이사
전) 소상공인시장진흥공단 ICT 활용교육 강사
전) 삼성전자 국내영업 유통연구소 강사
전) 중등컴퓨터 교사

email : hyunjun.tak@gmail.com
Facebook : www.fb.com/hyunjun.tak
Yellow ID : @wizlecturer

네이버가 제공하는 무료 모바일 홈페이지
모두modoo 제작을 위한 준비

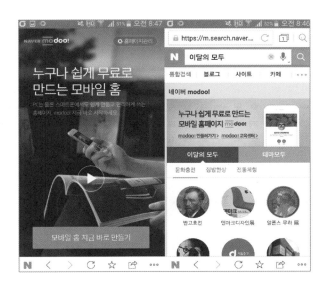

네이버 모바일 홈페이지 서비스 모두의 특징

네이버에서 야심차게 준비한 개인화 모바일 홈페이지 제작 도구 서비스인 [모두(www.
modoo.at)] 서비스.

이름처럼 어느 누구나 자신만의 이야기를 직접 담을 수 있는 모바일 홈페이지를 쉽게 무료로 제작하고 검색할 수 있으며, 지도를 통해 홍보할 수 있는 상생 플랫폼이다. 네이버 계정만 있으면 누구나 제작 및 등록이 가능하다.

그럼 과연 네이버에서 서비스하고 있는 모두가 어떠한 장점과 특징이 있는지 알아보자.

네이버 측에서 공식적으로 내세우고 있는 모두의 특, 장점은 다음과 같다.

첫째, 누구나 네이버 ID만 가지고 있으면 제작이 가능하다

둘째, 음식업, 숙박, 쇼핑몰 등 업종 맞춤형 템플릿을 제공하고 있어 누구나 쉽게 모바일 홈페이지를 완성할 수 있다.

셋째, 언제, 어디서든 PC는 물론 모바일 기기에서도 모바일 홈페이지를 클릭 몇 번으로 수정 및 완성할 수 있다.

넷째, 누구에게나 알릴 수 있는 검색과 지도 등록을 통해 제작된 모바일 홈페이지를 적극적으로 노출 및 홍보할 수 있다.

다섯째, 홍보와 판매를 한 번에 할 수 있고 상품 판매는 스토어에 연결하여 손쉽게 나만의 쇼핑몰의 구축 효과를 가져올 수 있다.

여섯째, 무료통계 기능 및 쿠폰, 이벤트 공지도 모바일 홈페이지에서 바로 가능하다.

이 밖에도 블로그와 달리 블로그 최적화 개념이나 이로 인한 저품질 스트레스가 없다는 것이 가득이나 신경써야 할 것이 많은 소상공 사업주에게 커다란 매력이라 느껴진다.

그러나 무엇보다도 소상공인들에게 직접적으로 와 닿는 부분은 직접 홍보 및 마케팅을 할 수가 있고 무엇보다 손쉽게 나만의 모바일 쇼핑몰 구축을 할 수가 있다는 게 가장 큰 장점이라고 생각된다. 또한 네이버 톡톡으로 고객과 다양한 방법으로 소통이 가능하고 마케팅 자원으로 활용할 수가 있다는 점이 온라인 홍보마케팅을 고민하는 소상인에게 가장 큰 매력이라 생각된다.

네이버 모두 모바일 홈은 PC나 모바일에서도 모두 최적화되어 노출에 효과적이다. 네

이버 측에서는 모두 홈페이지를 네이버 검색 결과에 먼저 노출시켜 효과적인 검색 유입을 보장하는 노력을 기울이고 있다.

네이버 모두 모바일 홈페이지 서비스는 개인이 키워드를 4개나 선정할 수 있게 해준다. 그리고 네이버 스토어팜과 연결해서 네이버 모두 모바일 홈에서도 쇼핑이 가능하게 지원이 된다. 모두 홈페이지에 게시된 식당 정보를 보고 방문하고 싶다면 네이버 지도가 경로를 안내하는 기능이 있다. 그리고 네이버 톡톡 서비스를 연동하여 식당 같은 경우는 주문도 바로 가능하다. 네이버 톡톡은 단순 대화형 서비스에서부터 다양한 마케팅 툴도 제공하고 있다.

이러한 장점이 있는 모두 모바일 홈페이지를 지금 바로 시작하지 않을 이유가 없을 것이다. 이제부터 네이버 모바일 홈페이지 제작 서비스 모두를 제작하고 이를 활용하여 개별 사업장을 홍보하는 방법에 대해 알아보자.

무엇을 말할 것인가–마케팅 기본 잡기

ICT 기술에 기반을 둔 SNS 및 온라인 홈페이지는 일동의 도구이다. SNS 채널만 개설한다고 해서 홍보가 저절로 되는 것은 아니다. SNS 채널에 사람들을 끌어들이기 위해서는 결국 고객들을 끌어 모을 수 있는 콘텐츠가 있어야 한다. 온라인 마케팅은 달리 말하면 내 사업 영역을 경쟁자와 차별화시켜 글과 사진으로 담아내는 일종의 스토리텔링이다. 이러한 사항을 SNS 채널을 통해 노출시켜 더 많은 사람에게 전달되게 하는 것이 바로 온라인 마케팅인 것이다. 그럼 효과적인 마케팅을 위해 무엇을 해야 하나? 전통적인 마케팅 방법론을 알고 적용하면 조금 더 효율적이라 생각되어 잠시 소개해 본다.

S	Segment : 시장 세분화,	시장을 세분화한다는 것은 곧 판촉 대상을 선정
T	Target : 판촉 대상 선정	한다는 의미로 사용되기도 한다.

P	Positioning : 차별화	경쟁자와 차별적 요소는 무엇인가?
4C	고객가치(Customer Value), 비용(Cost), 편리함(Convenience),소통(Communication)	과거 산업사회에서는 4P 전략이 중시되었으나 환경의 변화에 따라 4C의 관점으로 변화되고 있으며 4P와 4C의 개념을 매칭시키는 것을 마케팅 믹스라 한다.
4P	제품(Product), 가격(Price), 유통(Place), 촉진(Promotion)	

위와 같은 마케팅 방법론을 적용하여 구체적인 내용을 끄집어내어 효과적인 마케팅 전략수립을 위해 아래와 같은 질문을 사용하기도 한다.

마케팅 전략 수립을 돕는 질문

● 기존제품이나 서비스에서 만족스럽지 못한 점은 무엇인가?

● 기존 제품이나 서비스보다 더 낳은 경험을 제공할 수 있는 부분은 어디인가?

● 고객의 현재 Needs는 무엇인가?

● 고객의 잠재 Needs는 무엇인가?

● 비즈니스(마케팅) 활동을 통해 누구에게 어떤 감정을 경험하게 할 것인가?

● 그것을 한마디로 표현하면?

● 그것을 이야기로 Story Telling 만들어 볼 수 있을까?

● 고객은 어느 정도의 비용을 지불할 가치가 있다고 여길까?

● 동일한 가치와 경험을 제공하는 제품이나 서비스는 어떤 것이 있을까?

● 수익구조는 어떻게 구조화시킬 수 있을까?

● 어떤 부분에서 얼마만큼의 비용이 발생할까?

● 내가 취급하는 제품에 대해 얼마나 전문적인 지식을 갖고 있는가?

이러한 전략 수립 도구들을 활용한다면 효과적으로 차별화된 전략을 수립할 수 있을 것이다. 스스로 질문에 답을 해 나가는 작업을 통해 고객에게 전달해야 할 가치가 무엇인지 세심하게 찾아보기를 바란다.

많은 소상공인 사업자들이 홈페이지 또는 각종 SNS 채널을 활용하여 온라인 홍보를 하려고 고심한다. 그러나 막상 시작하려 하면 무엇부터 시작할지 막막해하는 것이 일반적인 반응이다. 또한 남들과 달리 차별화된 콘텐츠 제작을 위해서 어떠한 글을 써야 할지 막막해한다. 그래서 쉽게 포기하기에 이른다.

이때 필요한 것이 마음속에 구성하고 있는 생각들을 구체적으로 끄집어내어 구조화하는 능력이다. 즉 글로 표현할 수 있는 능력이 필요하다. 이와 같은 상황에 가장 손쉽게 생각을 정리하고 창의적으로 구체화시킬 수 있는 방법이 마인드맵Mind Map이다. 이 마인드맵 방법으로 생각을 구조화해 정리하는 방법을 마인드 프로세싱Mind Processing이라 부른다.

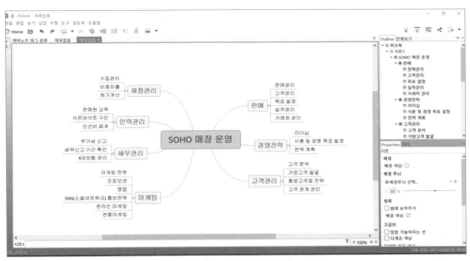

Xmind를 이용한 마인드맵

보통 마인드맵은 그 방법을 알면 종이와 삼색의 필기구만 있으면 언제든지 가능하다. 요즘은 디지털화 도구가 많이 나와 웹상에서 또는 모바일에서 어플 형태로 손쉽게 디지털 마인드맵을 작성할 수 있다.

필자는 디지털 환경에 익숙하다 보니 주로 PC 또는 모바일 기기를 활용한다. 그림은 필자가 예시를 위해 Xmind라는 툴을 사용하여 작성한 마인드맵 작성화면이다.(Xmind의 사용법은 인터넷 검색을 하면 손쉽게 찾아볼 수 있으므로 이곳에서는 지면관계상 생략함을 양해하기 바란다. Xmind는 www.xmind.net에서 최신버전의 설치파일을 내려 받을 수 있다.)

마인드맵의 대표적인 실례가 책의 목차이다. 위 그림에서 보이듯이 중앙에 대주제를 놓고 대주제에 따른 하부주제를 선정하고 이에 따른 세부항목을 나열하는 것으로 머릿속에 산재되어 있는 생각들을 구체적으로 도식화시킬 수 있는 것이다.

무엇이든 항시 기획단계가 튼튼하면 중간에 우왕좌왕하며 시간을 허비하는 일이 없어진다. 자원이 부족한 소상공인에게는 시간이 커다란 자원이자 돈이다. 마인드 맵 또는 이와 유사한 여타의 창의적인 생각을 돕는, 생각 정리도구들을 활용하여 실행계획을 구체화한다면 생산성 측면에서도 커다란 도움이 될 것이라 확신한다.

이제부터 사업장 운영을 위한 요소별 분석뿐만 아니라 홈페이지 제작에 필요한 카테고리 구성 등 업무와 실생활에서 마인드맵을 적극 활용해 볼 것을 강력히 추천한다.

모두 홈페이지와 친해지기

[모두modoo]로 모바일 홈페이지 제작

모두 홈페이지는 PC 및 모바일 환경에서 제작이 가능하다. 모바일인가 PC인가에 따라 기기의 특성상 화면상에 보이는 조작 버튼 및 UI^(User Interface)에 차이가 있다. 그러나 어떤 환경에서 제작하더라도 사용자가 의도한 최종 결과는 동일하게 나타난다. 본 장에서는 지면 관계상 PC 환경을 기준으로 modoo 홈페이지 제작과정을 설명하려 한다. 이제 모두 모바일 홈페이지 제작을 위한 과정을 하나씩 알아보도록 하겠다.

◆ 모두 홈페이지 생성을 위한 준비

PC에서 모두 홈페이지(www.modoo.at.)에 접속하기 위해서는 인터넷 브라우저가 필수이다. 본장에서는 MS사의 IE 대신 구글의 크롬 브라우저 환경을 기준으로 진행하려 한다. 만일 작업하려는 컴퓨터에 크롬 브라우저가 없다면 chrom.google.com에 윈도우 환경에서 사용가능한 최신 버전의 설치파일을 다운로드받아 실행하면 설치가 진행된다.

PC에 크롬 브라우저 설치가 완료되었다면 다음 페이지의 그림 오른쪽 상단에 있는 삼색의 동그란 원 모양의 아이콘을 클릭하여 브라우저를 실행시킨다.

크롬 브라우저 아이콘과 네이버 서비스 목록

모두 홈페이지 제작을 위한 준비물

① 인터넷 접속이 가능한 PC   ② 구글 크롬 브라우저
③ 네이버 계정(ID, Password)   ④ 사이트(Site) 구조도 및 페이지별 콘티

◆ 모두 홈페이지와 친해지기

모두 홈페이지 메인 화면

크롬 브라우저 주소창에 www.modoo.at 을 입력한 후 엔터를 치면 위 그림과 같이 모

두 메인 화면에 접속하게 된다. 모두 메인 화면 페이지에 접속을 했다면 네이버 계정을 보유하고 있는 독자는 본인의 계정 아이디와 패스워드를 사용하여 로그인을 한다. 만일 계정이 없으면 회원가입 절차를 진행한 후 로그인을 하도록 한다.

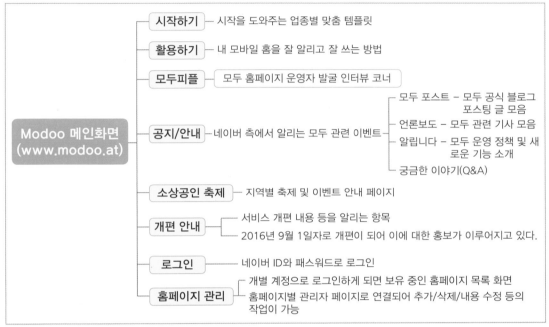

모두(www.modoo.at) 메인페이지 카테고리 구성도

　　모두 서비스에 본인의 계정으로 로그인을 끝내면 우선 모두 메인 페이지에 있는 카테고리 항목부터 살펴보도록 하자. 이곳에 있는 카테고리 항목들의 역할과 기능을 익히는 것이 곧 모두 홈페이지를 적극 활용할 수 있는 단초가 될 수 있다.

　　모두 메인화면의 메뉴 구성 카테고리별 용도 및 콘텐츠 설명은 위의 그림을 참고하도록 하자. 이들 메뉴 중에서 홈페이지 제작에 가장 밀접하게 연관된 카테고리가 시작하기 메뉴이다.

'시작하기' 메뉴 페이지

　모두는 사용자가 HTML 태그를 이용하여 홈페이지를 제작하는 방식이 아닌 이미 만들어진 디자인 유형을 선택하는 템플릿 방식을 제공하여 홈페이지 제작을 지원하고 있다. 모두에서 제공하는 템플릿은 이미지와 텍스트만 넣으면 바로 완성할 수 있는 단순 템플릿과 업종에 따라 맞춤형으로 기본 디자인이 제공되는 맞춤 템플릿으로 구성되어 있다.

　맞춤형 템플릿은 동일한 업종일지라도 템플릿 변경 버튼을 통해 템플릿 디자인을 변경할 수 있어 개성만점의 다양한 효과를 낼 수 있다.

　이들 템플릿을 활용하면 손쉽게 홈페이지를 제작할 수 있으니 템플릿의 분류에 따라 어떤 유형의 템플릿이 지원되고 있는 반드시 확인하도록 하자. 또한 시작하기 메뉴 페이지 안에는 '모두 함께 배우는 무료교육 신청하기' 코너가 자리 잡고 있다. 이는 네이버에서 공식적으로 제공하는 무료교육이니 적극 활용한다면 조금 더 수월하게 홈페이지 제작과 관련한 정보를 습득할 수 있을 것이다.

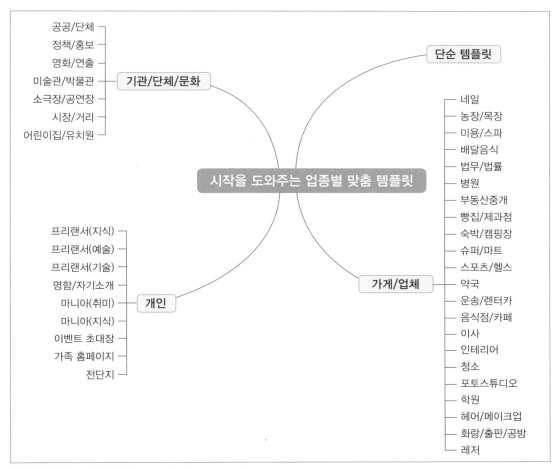

모두에서 제공하는 템플릿 분류

◆ 모두 홈페이지 기본 구조(골격)

홈페이지를 제작하기 전에 먼저 해야 할 것이 홈페이지의 기본골격 즉 내용·배치에 따른 페이지 구성을 어떻게 할 것인지 정하는 것이다. 홈페이지의 기본 구조는 사용자가 편안하게 관련 내용을 찾아가기 쉽게 구성하여 운영자가 의도하는 내용을 소비자에게 손쉽게 전달하기 위한 일종의 내비게이션이 되는 것이다.

다음 그림은 네이버에서 제시하는 모두의 기본 구조이다. 이를 근간으로 하여 업종별로 내용 구성 페이지의 증감 및 배치가 달라된다.

모두 홈페이지 기본 구조

그림과 같이 업체의 첫인상을 좌우하는 홈페이지 메인 화면 페이지, 사업장의 주요 일정을 공유하는 스케줄, 사업장의 약도 정보를 보여주는 오시는 길을 제시하고 있다.

모두 홈페이지의 구조는 많은 이야기를 담기보다는 운영하는 업체와 업체에서 판매하는 품목을 알리고 경우에 따라 모두 홈페이지상에서 온라인 판매가 이루어질 수 있도록 간결하고 일목요연하게 구성하는 것이 좋다.

◆ 새로운 홈페이지 생성하기

이제부터 본격적으로 홈페이지를 구성해보자. 모두 모바일 홈페이지는 계정당 최대 3개까지 추가가 가능하다. 새로운 홈페이지를 생성하고 구성하기 위해서는 홈페이지 추가 버튼을 클릭한 이후 제작 전개과정은 대략 템플릿 선택 — 홈페이지 필수 정보 입력하기 — 홈페이지 연결 정보 입력하기 — 홈페이지 하단 정보 입력하기 — 메뉴 편집하기 — 페이지 편집하기(첫 페이지 편집하기, 가이드 페이지 편집, 소개 페이지 편집(이미지 또는 텍스트), 구분선, 구성요소 아이콘 편집, 빈 페이지 편집) 순으로 진행된다.

1) 홈페이지 추가하기

홈페이지를 추가하기 위해서 다음 그림의 메뉴 중 홈페이지 관리 버튼을 클릭한다. 이후 홈페이지를 추가하기 위한 단계는 다음과 같다.

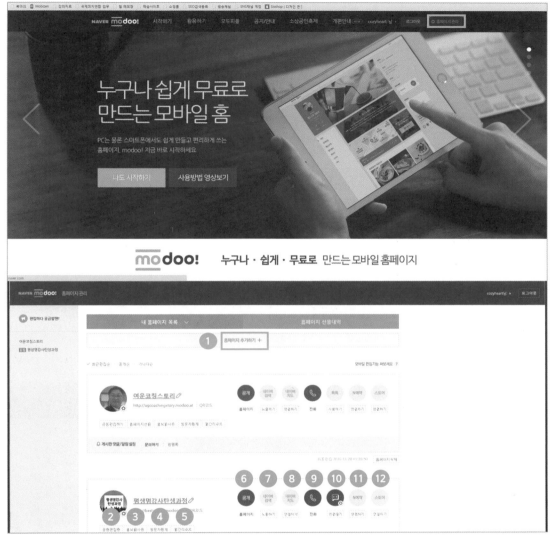

모두 홈페이지 관리자 메인화면

① www.modoo.at으로 접속 후 로그인한 다음 [홈페이지 관리] 버튼을 클릭한다.

② [홈페이지 추가하기 +] 버튼을 클릭한다.

＊ 기존 홈페이지 편집은 이미 만들었던 홈페이지의 [홈페이지 이름]을 클릭하고 편집화
면으로 이동한다.

2) 템플릿을 사용하여 손쉽게 만들기

서두에서 언급한 것처럼 모두 모바일 홈페이지에서는 이미지와 텍스트만 입력하면 완성되는 단순 템플릿과 업종별 최적의 디자인을 제공하는 맞춤 템플릿으로 구성되어 있다.

맞춤 템플릿 선택화면

단순 또는 맞춤 템플릿을 선택한 후 화면 아래 [만들어보기]를 클릭하여 템플릿을 적용한 홈페이지를 추가한다.

* 맞춤 템플릿은 분류에 따라 추천 템플릿으로 구성돼 있어 원하는 템플릿을 선택할 수 있다.
* 우측 상단 [X] 또는 하단의 [취소]를 클릭하면 [템플릿] 적용 없이 홈페이지를 추가한다.
* [템플릿 변경] 버튼을 눌러 페이지 배치를 달리한 다른 템플릿으로 변경할 수 있다.

3) 홈페이지 필수 정보 입력하기

홈페이지명, 홈페이지 주소, 홈페이지 설명은 네이버 포털에 노출되는 영역으로 운영되는 개별 사업장의 특장을 잘 전달할 수 있는 내용으로 작성하는 것이 좋다. 검색 노출이 잘 되기 위해서는 고객들이 잘 사용하는 단어들이 많이 포함되어 있다면 효과적이다.

홈페이지 필수 정보 입력

① www.modoo.at으로 접속 후 로그인한 다음 [홈페이지 관리] 버튼을 클릭한다.

② 위 그림의 별색 동그라미 안의 톱니바퀴 모양 아이콘을 눌러 기존에 생성하여 관리하던 모바일 홈페이지의 [홈페이지 필수 정보/검색 정보] 화면으로 들어간다.

③ 이 화면에서 홈페이지명, 인터넷주소, 개인이 구매한 도메인에 연결을 설정하고 검색엔진에 최적화시키기 위한 개인 도메인 연결, 웹마스터 도구 스크리브 복사 항목과 홈페이지의 대표 이미지를 섬네일로 보여주는 대표 이미지 등록 기능, 홈페이지 설명, 홈페이지의 분류를 지정하는 항목이 위치해 있다.

④ 네이버 검색 노출 여부의 설정이 가능하다.

4) 전화 / 문자 / 톡톡

2016년 9월 1일 개편 이전에는 '연결/하단정보'이었으나 개편작업 후 명칭이 [전화 / 문자 / 톡톡]으로 변경되었다.

전화 / 문자 / 톡톡 설정 화면

① [전화 / 문자 / 톡톡] 탭을 선택한다.

② [전화]라고 입력되어 있는 칸에 "대표전화" 또는 "문의전화"라고 타이틀을 입력한다. 전화번호 정보 입력 칸에 전화번호를 입력한 후, [노출] 네모 칸을 클릭한다.

③ [문자]라고 입력되어 있는 칸에 "문자 문의" 또는 "SMS 문의"라고 입력하고, 연결정보 입력 칸에 전화번호를 입력한 후, [노출] 네모 칸을 클릭한다.

④ 톡톡 서비스를 이용하고자 하면, 홈페이지 반영(공개) 후 [연결하기] 버튼을 클릭한다.

＊ 톡톡이란 별도 앱 설치 없이 모바일 홈페이지 내에서 쉽고 간편하게 고객과 채팅할 수 있는 메신저 서비스이다.

＊ 비즈 넘버란, 통화 추적을 하기 위해서 발급되는 가상의 전화번호이며 네이버에서 무료로 제공하고 있는 기능이다.

5) 홈페이지 하단 정보 입력하기

하단 정보 입력 버튼은 두 번째 페이지 이후부터 가운데 창 하단에 홈페이지 하단 정보 입력하기 버튼을 통해 수정이 가능하다.

홈페이지 하단 정보는 고객들에게 업체의 정보를 공유하면서 홈페이지 정보를 신뢰할 수 있게 도와주는 역할을 한다.

홈페이지 하단에 노출되는 정보 항목은 업체명, 대표자 성명, 사업자번호, 통신판매업 신고번호, 사업장 소재지 주소, 전화번호, 이메일, 기타 입력, 개인정보취급방법과 홈페이지를 공유할 때 고객들의 뇌리에 쉽게 업체의 이미지를 각인시키기 위해 나오는(예: 삼성전자의 또 하나의 가족이란 문구) 업체 슬로건 문구를 직접 입력하는 문구 입력란이 있다.

6) 모두 홈페이지 검색 노출 및 네이버 지도 연결하기

홈페이지 검색 노출 설정 기능은 "홈페이지명"에 "@"을 붙여 검색하면, 네이버 검색에서 modoo 홈페이지가 잘 보이게 해주는 기능이다. 노출 설정을 하면 다음 날 반영되며, 네이버 사이트와 웹문서 검색 결과로 노출된다. 검색결과 노출 설정은 다음과 같다.

① [홈페이지 반영] 후 네이버 무료 검색 등록을 클릭하여 네이버 포털에서 검색될 수 있도록 검색 등록을 한다.

② [검색설정]에서 '노출'을 선택한다.(비노출로 선택되면 검색 노출이 되지 않는다.)

③ 사이트 검색에서 [분류 검색] 버튼을 클릭하여 분류 영역을 검색한다.

④ 우리 가계의 검색 키워드를 "#키워드"의 형식으로 입력한다.

　예 #정자동 삼겹살 #정자동 회식장소 #정자동 김치찌개 전문점 등

검색 노출 설정 및 네이버 지도연결 설정

검색 노출 설정을 마쳤으면 전화번호와 주소를 입력하고, [지도의 업체 정보에 연결하기]를 눌러 준다. 동일한 업체가 지도에 있으면, modoo 홈페이지를 바로 추가할 수 있다. 지도에 업체 정보가 등록되어 있지 않다면, 네이버 마이비즈니스에서 업체 정보를 먼저 등록해 준다. 그리고 지도에 연결되면

① 지도의 업체 정보에서 modoo 홈페이지가 표시되고,

② 사이트 검색 결과에 [위치 보기]가 제공된다.

* 검색 기준에 따라 검색 노출이 제외될 수 있고, 홈페이지 이용도 제한될 수 있다.

지금까지 모두 홈페이지 제작 과정을 살펴보았다. 지면을 통해 이해를 한다는 것은 한정적일 것이다. 좀 더 세밀하고 더 많은 정보를 얻기를 원한다면 필자는 일단 부딪쳐 볼 것을 권한다. 배움은 곧 실천이라 했다. 실천하는 과정에서 지면을 통해 미처 깨닫지 못했던 부분이 새롭게 각인되어 나올 것이라 확신한다.

모바일 홈페이지 관리 & 홍보하기

　앞서 간략하게나마 홈페이지를 만들어보았다. 그럼 이제는 홈페이지에 많은 방문객이 올 수 있도록 홍보를 어떻게 해야 하며 방문자에게 살아 있는 생생한 정보를 전달하기 위해 어떻게 관리해야 하는지 알아보도록 하겠다.

모바일 홈페이지 관리하기

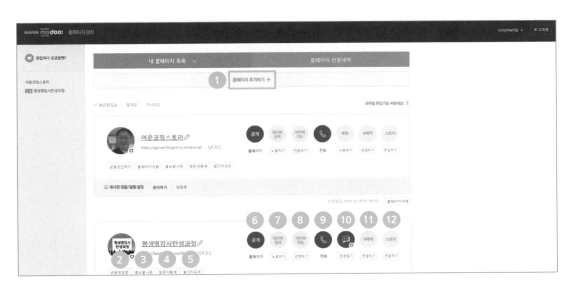

① [모두modoo] 메인 페이지에서 로그인 후 오른쪽 [홈페이지 관리] 버튼을 클릭하면 홈페이지 관리 페이지로 이동한다.

② 화면 왼쪽에서 관리하는 홈페이지 목록을 확인할 수 있다.

③ [내 홈페이지 목록]에서는 관리하는 홈페이지 목록을 확인할 수 있다.

　　[홈페이지 선물내역]을 클릭하면 선물한 홈페이지 목록을 확인할 수 있다.

④ [홈페이지 추가하기]를 클릭하면 새로운 홈페이지를 생성할 수 있다.

⑤ [홈페이지명]을 클릭하면 홈페이지 편집창으로 이동한다.

⑥ 톱니바퀴 아이콘을 클릭하면 홈페이지 [정보관리]로 이동한다.

⑦ 오른쪽 아이콘들을 통해 홈페이지 공개, 검색 노출, 지도 등록, 톡톡 및 스토어 페이지 사용을 설정할 수 있다.

＊ 아이콘의 옅은 회색은 서비스가 연결되지 않은 상태이며, 아이콘을 클릭하여 서비스 연결 또는 해지할 수 있다.

⑧ 불필요한 홈페이지는 오른쪽 [홈페이지 삭제] 버튼을 클릭하여 삭제할 수 있다. 단 공동편집자 권한이 아닌 내가 직접 소유한 홈페이지만 삭제가 가능하며 한 번 삭제된 홈페이지는 복구 불가하다.

QR 코드를 이용한 모바일 홈페이지 홍보

① [홈페이지 반영] 후 각각의 URL마다 자동으로 QR 코드가 생성된다. 마우스 오른쪽을 클릭하여 QR 코드 이미지를 컴퓨터 또는 저장 장치에 저장 후 다양한 홍보매체에 사용할 수 있다.(QR 코드는 우리 홈페이지 고유 바코드 역할을 한다.)

② [홍보물 사용]을 클릭하면 출력하여 사용할 수 있는 홍보물을 인쇄할 수 있다.

③ [미니 간판]은 A4 사이즈의 출력물로 다양하게 활용할 수 있다.

홈페이지명에 커서를 클릭 홈페이지명을 수정할 수 있다.

④ [라벨]은 스티커 홍보물로 사용할 수 있으며 A4 사이즈에 14개(2행 7열)의 형태로 인쇄된다. [홍보물 인쇄]는 별도의 편집 작업이 필요하지 않으며 홈페이지명, 홈페이지 주소, 그리고 네이버 검색 키워드가 함께 인쇄된다.

모바일 홈페이지 공동편집

① [공동 편집] 버튼을 클릭한다. [공동 편집] 기능을 활용하여 지정한 사용자와 홈페이지를 공동으로 편집 및 관리할 수 있다.

② 편집권을 공유할 사용자의 네이버 아이디를 조회한 후, 공동 편집인으로 추가한다.

공동 편집은 최대 5인까지 가능하며, 공동 편집 홈페이지는 개인 관리 홈페이지 수에 포함되지 않다.

SNS로 모바일 홈페이지 홍보하기

다양한 SNS에서 내 모바일 홈 주소의 공유를 통해 모바일 홈페이지로 인터넷 사용자들의 유입을 일으킬 수 있다. 고객에게 보내는 홍보문자에서도 모바일 홈 주소를 넣어 보내면 더 많은 고객들이 내 모바일 홈에 방문하게 될 확률이 높아지게 되는 것이다.

① 모바일 화면 하단에 페이지 공유하기를 클릭하여 공유하기 매체 선택 메뉴 창을 연다.
② 원하는 공유 매체를 선택하고 홈페이지 URL을 공유한다.
＊ 예시와 같이 홈페이지명, 공유 시 노출 문구, 출처 그리고 URL이 SNS 매체를 통하여 공유된다.

이상으로 간략하게나마 마케팅의 원리와 모두 모바일 홈페이지 서비스를 이용하여 나만의 홈페이지를 제작하는 과정과 홈페이지를 네이버 검색 엔진에 노출시켜 이용자들 유입시키고 관리하는 방법에 대해 알아보았다.

앞서 첫 장에서 살펴보았듯이 마케팅은 기존 제품중심의 산업사회의 4P 전략에서 정보화 사회인 현재는 소비자중심의 4C 전략으로 마케팅 전략이 급격히 전환되고 있다.

이러한 환경적 변화를 촉진하는 공간이 바로 온라인이다. 이제는 온라인이 마케팅 수단이자 판매도구가 되어 온라인 공간을 공략하지 않고는 더 이상 사업을 지속하기가 어려운 실정이다.

온라인에서 펼쳐지는 SNS 마케팅을 위한 소셜 채널들은 단지 하나의 도구일 뿐이다. 그럼 무엇이 마케팅의 본질인가? 그것은 결국 본인이 영위하려는 비즈니스의 본질에 집중하는 것이다.

비즈니스의 본질이란 소비자에게 전달되는 사업의 가치를 고민하고 진행하려는 비즈니스의 가치를 누구에게 어떤 방법으로 전달할지 고민하는 끊임없는 반복의 과정일 것이다. 아무리 방법이 좋고 수단이 좋아도 결국은 기본이다. 내가 전달할 제품과 서비스의 가치가 무엇인지를 고민하고 더 좋은 제품과 서비스를 제공하기 위해 고민할 때 온라인 마케팅도 지속적인 효과를 볼 수 있을 것이다. 이러한 관점에서 여러분에게 질문 하나를 하고 글을 마무리하려 한다. 이 질문에 스스로 명확하게 답을 내놓을 수 있을 때 모두 홈페이지를 포함한 어떤 소셜 채널을 이용하더라도 자신 있게 홍보 마케팅 활동을 전개할 수 있을 것이라 확신한다.

여러분이 펼치려는 비즈니스의 본질은 무엇입니까?

6

스토어팜

민대영

STOREFARM Marketing

저자 **민대영**

㈜어반컴퍼니 대표
온라인창업트렌드연구소 소장
삼성에듀닷컴 강사

Email : urban0417@naver.com
Facebook : www.facebook.com/urban0417
Instagram : www.instagram.com/urbantrend
Blog : blog.naver.com/urban0417

기존의 전자상거래업의 창업순서는 자사 홈페이지 또는 인터넷 쇼핑몰을 오픈한 후 네이버와 같은 검색 사이트에 쇼핑몰을 등록하여 광고를 통해 쇼핑몰과 홈페이지를 광고하거나 블로그나 SNS를 이용하여 쇼핑몰을 홍보하여 매출을 높이는 것이 보편적인 방법이었다.

　하지만 스마트폰의 대중화와 SNS서비스의 발전은 소상공인들의 창업 트렌드에도 많은 변화를 가져오게 되었고 최근의 온라인쇼핑몰 창업시장의 트렌드는 쇼핑몰이나 홈페이지를 먼저 만들기보다 블로그나 SNS를 운영하여 팔로워를 늘리고 그 후 SNS에서 제품을 홍보하고 주문을 받아 판매하는 SNS 시대에 맞는 새로운 창업 트렌드를 만들고 있다.

　본서에서는 블로그나 SNS을 운영하고 활성화된 SNS을 통해 온라인 매출을 얻고 싶은 소상공인들을 위해 쇼핑몰을 디자인하고 제작하는 방법보다는 네이버 페이와 스토어팜을 이용하여 블로그나 SNS상에서 제품을 구매하고 결제하는 페이지를 만드는 방법을 알아보도록 하겠다.

스토어팜이란

스토어팜(http://sell.storefarm.naver.com/)은 네이버에서 운영하는 입점과 판매수수료가 전혀 없는 무료 판매 *플랫폼으로 기존의 *오픈마켓의 장점과 임대형 쇼핑몰솔루션의 장점을 잘 결합하여 만들어진 오픈마켓형 쇼핑몰이다.

이전까지의 인터넷 쇼핑몰을 만들기 위해서는 *임대형 쇼핑몰과 *독립형 쇼핑몰 중에 선택하는 것이 보통이었다. 또 다른 창업방법 중에 오픈마켓으로 제품을 판매하다가 규모가 커지면서 임대형이나 독립형의 솔루션으로 쇼핑몰을 제작하는 형태였다. 하지만 인터넷 환경이 일반 PC 환경에서 스마트폰의 모바일 환경으로 변화하면서 인터넷 쇼핑에도 많은 변화가 생기기 시작했다.

스토어팜은 오픈마켓과 임대형 쇼핑몰 솔루션의 중간 단계 정도라고 표현할 수 있다. 오픈마켓 시장을 살펴보면 판매자가 오픈마켓에 올린 제품들을 한데 묶어 미니몰 형태의 플랫폼을 서비스 하고 있다. 하지만 그런 미니몰들은 해당 오픈마켓 안에서만 검색되고 이용되어 그 기능이 한정적이었다.

스토어팜은 *네이버쇼핑이라는 판매 플랫폼 안에 운영되는 미니몰과 같은 형태이지만 독립적인 URL을 가지고 쇼핑몰로 따로 운영이 가능하며 그 모양 또한 일반적인 쇼핑몰들과 흡사하다. *네이버 애널리틱스 연동을 통해 *로그 분석도 가능하며 네이버 사이트 등록이 가능하고 검색광고에 노출도 가능해 임대형 솔루션과 동일한 기능을 한다.

모바일 쇼핑몰을 따로 제작할 필요없이 자동으로 생성되며 그 디자인도 매우 깔끔하며 SNS 연동도 쉽게 되어 있어 스마트폰과 SNS 시대에 맞는 새로운 형태의 쇼핑몰이다.

오픈마켓의 수수료가 보통 12%(의류기준)인데 반해 네이버 스토어팜은 네이버페이를 통한 결제 수수료(신용카드기준 3.74%)와 네이버쇼핑 연동에 국한해 수수료(2%)가 발생하는데 이는 개인 쇼핑몰의 경우도 카드결제에 대한 *PG사 수수료가 동일하므로 매우 매력적인 플랫폼이다.

용어 정리

* 플랫폼 : 소프트웨어가 제공하는 어떠한 환경이나 운영체제 등을 뜻함
* 쇼핑몰 솔루션 : 인터넷 쇼핑몰 홈페이지를 만들어주는 소프트웨어를 의미
* 임대형 쇼핑몰 : 쇼핑몰 제작 프로그램을 월 사용료를 지불하여 만드는 쇼핑몰
* 독립형 쇼핑몰 : 쇼핑몰 제작 프로그램 자체를 구매하여 사용하는 쇼핑몰
* 오픈마켓 : 개인 또는 업체가 온라인상에서 직접 상품을 등록해 판매할 수 있도록 한 전자상거래 사이트
* 네이버쇼핑 : 네이버에서 운영하는 가격비교검색 사이트
* 로그 분석 : 웹 사이트의 방문객의 행태에 대한 정보를 분석
* 네이버 애널리틱스 : 네이버에서 운영하는 웹 무료 로그 분석도구로써 방문자, 페이지, 유입경로 분석을 할 수 있는 무료서비스이다. 비슷한 서비스로 구글 애널리틱스가 있다.(https://www.google.com/intl/ko/analytics/)
* PG사 : 각각의 신용카드사와 가맹점 계약을 체결하는 것이 곤란한 중소 쇼핑몰을 대신해 카드사와 대표 가맹점 계약을 맺고 신용카드 결제 및 지불을 대행한 뒤 쇼핑몰에서 수수료를 받는 업체.(출처 : 매일경제)

스토어팜의 장점과 단점

스토어팜의 가장 큰 장점은 네이버에서 제공하는 서비스인 만큼 클릭 한 번으로 네이버 쇼핑에 입점할 수 있다. 대한민국 검색 사이트 시장에서 네이버는 독보적인 존재로 인터넷을 사용하는 대부분의 일반 유저들이 네이버를 이용하여 검색한다. 네이버는 검색 탭에 네이버쇼핑이라는 쇼핑 검색 전용 플랫폼을 운영하고 있는데 검색 기본 순위가 네이버쇼핑 랭킹 순위이다.

이 네이버 랭킹 순위에 가장 최적화된 쇼핑몰 플랫폼이 바로 스토어팜이다. 네이버쇼핑에서 상품을 검색해보면 대부분은 스토어팜의 상품들이 상단에 노출되고 있는 것을 확인할 수 있다. 때문에 대부분의 브랜드나 중대형 쇼핑몰들이 네이버쇼핑의 노출에 유리함을 위해 자사몰과 함께 스토어팜을 함께 서비스하고 있다.

또한 SNS의 연동과 모바일 쇼핑몰에 최적화되어 초보자도 쉽게 쇼핑몰을 운영할 수 있으며 많은 종류의 상품이 등록되어 있지 않더라고 한 가지 상품을 가지고도 쇼핑검색에 노출할 수 있다.

그리고 마지막으로 가장 큰 장점은 *네이버페이Naver Pay를 통한 믿을 수 있는 결제 시스템과 쉽고 빠른 간편 결제이다.

아직 인지도가 없는 초기 쇼핑몰이나 SNS를 통한 제품 판매 시 소비자들은 만약의 사고를 우려해 선뜻 구매하기가 꺼려지는 부분이 있다. 스토어팜은 개인통장이나 사업자통장으로 입금 결제하는 방식이 아닌 네이버에 결제를 하고 고객이 정상적으로 제품을 받고 상품에 이상이 없음이 확인되면 물품대금을 판매자에게 송금하는 형식이기 때문에 구매자들은 안전하고 믿을 수 있어 구매를 결정하기가 용이하다. 또한 카드결제나 무이자 할부 같은 이벤트들도 매출규모에 상관없이 동일하게 이용할 수 있어 구매자들의 구매욕을 충족시켜 줄 수 있는 장점이 있다.

Tip

고객이 판매자에게 직접 결제하는 방식이 아닌 네이버페이를 통해 네이버에 결제를 하기 때문에 판매자가 직접 PG사와 계약을 할 필요가 없다. 판매자는 네이버와 계약을 하고 네이버는 고객과 중계역할을 하는 오픈마켓과 동일한 역할을 한다.

용어 정리

스토어팜 수수료 = 네이버페이 수수료 + 매출연동수수료(네이버쇼핑 연동 매출에 국한)

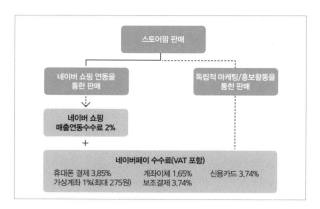

네이버 페이란?(http://pay.naver.com/)

네이버 ID로 다양한 가맹점에서 회원가입 없이 편리하게 쇼핑, 결제, 배송관리하고 네이버 뮤직, 영화, 웹툰 등 디지털콘텐츠까지 결제할 수 있는 간편 결제 서비스이다.

이러한 많은 장점을 가진 스토어팜도 단점을 가지고 있다. 가장 큰 단점은 내 쇼핑몰만의 독창적인 디자인을 가질 수 없다는 점이다.

스토어팜은 정해져 있는 쇼핑몰의 레이아웃과 디자인과 컬러 안에서만 제한적으로 수정이 가능하여 독창적인 디자인이 불가능하여 대부분의 스토어팜을 이용한 쇼핑몰들이 동일한 디자인을 가지고 있다. 그 때문에 기존의 쇼핑몰을 완벽하게 대체하기 어려움으로 스토어팜으로 쉽게 시작하고 온라인 쇼핑몰에 경험을 쌓은 후에 임대형이나 독립형의 쇼핑몰 솔루션에서 쇼핑몰을 오픈하는 것을 추천한다.

스토어팜 오픈하기

현재 인터넷 쇼핑몰 시장에 가장 핫한 키워드가 바로 SNS이다.

기존의 인터넷 쇼핑몰의 창업 순서는 "사업자 등록 — 쇼핑몰 오픈 — 검색 사이트 등록 — 검색광고 — 블로그나 SNS 홍보"였지만 현재는 기존의 틀에서 완전히 벗어나 "블로그나 SNS 운영 — 브랜딩을 통해 팔로워 증가 — 공동구매 형식이나 팔로워 등을 통한 지인판매 및 홍보 — 사업자 등록"의 순서로 변화하고 있다.

스마트폰과 SNS의 발전은 인터넷 쇼핑몰 창업 시장에도 변화를 주어 이제는 쇼핑몰 제작 솔루션을 통한 개인 쇼핑몰이 없이 SNS만을 통해 제품을 판매하고 구매하는 새로운 거래형태들이 생겨나기 시작했다.

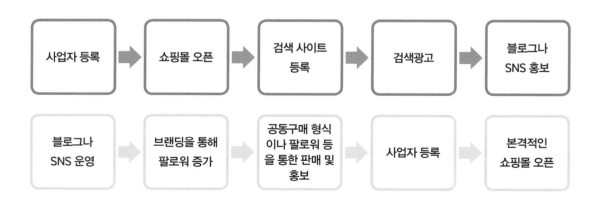

본서에서는 그런 시대에 흐름에 맞게 쇼핑몰을 디자인하고 제작하는 방법이 아닌 SNS 내에 제품판매를 위한 상품등록과 상품결제 페이지를 연동하는 방법을 중점적으로 알아보도록 하겠다.

스토어팜 판매회원 가입하기

어떤 플랫폼이 되었든 모든 서비스의 첫 시작은 "가입하기"이다.

인터넷 쇼핑몰을 운영하다 보면 여러 판매 채널에 상품을 등록하여 판매하게 되는데 이때 서비스에 가입하는 것이 무척 까다롭고 첨부해야 할 서류들도 많은 편이다. 이에 비해 스토어팜은 가입하는 것이 매우 편리하고 쉬운 편에 속한다.

네이버 스토어팜은 개인과 사업자 모두 판매회원으로 가입할 수 있다.

사업자 등록을 가지고 있을 경우 사업자로 가입이 가능하고 아직 사업자등록을 하지 않은 개인 판매자일 경우 개인으로 가입하여 쇼핑몰을 운영할 수 있다.

> **Tip**
>
> 개인판매자로 입점을 하게 되면 연 600만 원까지는 판매가 가능하다. 지속적으로 판매를 하려는 모든 판매자는 사업자로의 전환이 필요하다. 개인판매자로 입점하더라고 차후에 사업자전환이 가능하여 본격적인 쇼핑몰 사업에 앞서서 나에게 맞는 사업인지 테스트해 보기 좋다.

그럼 스토어팜의 가입방법에 대해 알아보도록 하겠다.

① 네이버 검색창에서 스토어팜으로 검색하거나 직접 주소창에 URL을 입력하여 스토어팜 판매자 센터에 접속하여 [스토어팜 판매회원 가입]을 클릭한다.

　　스토어팜 판매자센터 : http://sell.storefarm.naver.com/

② 판매회원유형을 선택한다. 아직 사업자 등록을 하지 않는 예비사업자의 경우 국내개
인을 선택한다. 이미 사업자 등록을 낸 상태라면 국내 사업자로 가입하면 된다.(개인
에서 사업자로 전환은 가능하지만 사업자에서 개인으로 전환은 불가)

③ 개인판매자의 경우 약관동의, 실명인증, 회원정보입력 후 가입이 완료된다. 회원가입 시 중요한 부분은 스토어팜 이름과 URL 주소를 신중히 선택해야 한다. 한 번 설정한 이름은 이후 변경이 불가능하여 변경을 위해서는 회원 탈퇴 후 재가입을 해야 하는데 이때 탈퇴 후 60일이 지나야 재가입이 가능하다.

④ 가입이 완료되면 스토어팜 관리자 화면으로 들어가 쇼핑몰 디자인과 상품을 등록하면 된다. *네이버 톡톡의 경우 가입완료 후 차후에 등록할 수 있으니 나중에 등록하도록 한다.

네이버 톡톡

네이버 톡톡은 네이버에서 제공하는 카카오톡과 같은 1:1 메신저로 고객은 가입 없이 간편하게 판매자에게 문의할 수 있는 서비스이다.

스토어팜 판매자센터 알아보기

모든 가입 절차를 끝내고 로그인하게 되면 스토어팜의 판매자센터(관리자 페이지) 메인 화면이 보이게 된다. 기본적인 판매자센터 메인 화면은 총 4단으로 나누어져 있다.

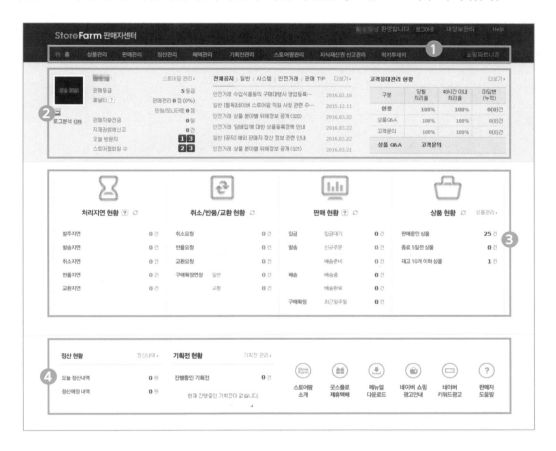

◆ 1단 메뉴

상단 메인 메뉴 바에는 스토어팜의 핵심적인 메뉴들로 우리가 쇼핑몰을 운영하면서 필요한 모든 메뉴가 이 안에 있다. 그럼 각 메뉴들의 특징을 간단하게 알아보도록 하겠다.

① 상품관리 : 상품을 등록하고 등록한 상품을 수정하며 배송비, 공지사항, SNS 상품공유, 템플릿 등을 등록 및 관리할 수 있다.

② 판매관리 : 입금된 주문 건을 확인하고 배송과 취소, 반품, 교환, 구매평 등을 관리할 수 있다.

③ 정산관리 : 판매된 상품에 대한 금액을 정산하고 부가세나 세금계산서 등을 관리한다.

④ 혜택관리 : 쿠폰이나 포인트 등을 관리할 수 있다.

⑤ 기획전관리 : 상품을 선정하여 기획전을 직접 등록 수정할 수 있다.

⑥ 스토어팜 관리 : 기본정보관리와 쇼핑몰 템플릿 전시관리, 카테고리, 모바일 쇼핑몰 디자인을 할 수 있다.

⑦ 지식재산권 신고관리 : 판매자가 소유자(권리자)에게 신고당한 내용을 확인하며 소명할 수 있다.

⑧ 럭키투데이 : 럭키투데이를 제안 등록 및 수정할 수 있다.

⑨ 쇼핑파트너존 : 유료 광고에 대해서 등록, 관리할 수 있다.

⑩ 홈 : 메인화면으로 이동시켜 준다.

◆ 2단 메뉴

2단 메뉴에는 판매자 프로필과 스토어팜 공지와 고객응대관리 현황에 대해 확인할 수 있다.

◆ 3단 메뉴

처리지연 현황 ? ↻		취소/반품/교환 현황 ↻		판매 현황 ? ↻			상품 현황	상품관리 ›
발주지연	0 건	취소요청	0 건	입금	입금대기	0 건	판매중인 상품	25 건
발송지연	0 건	반품요청	0 건	발송	신규주문	0 건	종료 5일전 상품	0 건
취소지연	0 건	교환요청	0 건		배송준비	0 건	재고 10개 이하 상품	1 건
반품지연	0 건	구매확장연장	일반	0 건	배송	배송중	0 건	
교환지연	0 건		교환	0 건		배송완료	0 건	
				구매확정	최근일주일	0 건		

3단 메뉴에서는 발송 관련 내용과 취소, 반품, 교환 현황, 판매 현황 등을 확인할 수 있으면 현제 판매 중인 상품에 대해서도 한눈에 확인이 가능하다.

◆ 4단 메뉴

정산 현황	정산내역 ›	기획전 현황	기획전 관리 ›
오늘 정산내역	0 원	진행중인 기획전	0 건
정산예정 내역	0 원	현재 진행중인 기획전이 없습니다	

(Store Form) 스토어팜 소개 · 굿스플로 제휴택배 · 매뉴얼 다운로드 · 네이버 쇼핑 광고안내 · 네이버 키워드광고 · 판매자 도움말

4단 메뉴에서는 금일 정산된 내역과 기획전현황, 광고나 스토어팜 매뉴얼을 다운받을 수 있다.

스토어팜 관리

상품등록을 하기 전에 기본적인 스토어팜 정보와 셀러 정보를 입력해야 한다.
스토어팜 판매자센터 상단메뉴에서 [스토어팜 관리] – [기본 정보 관리]를 선택한다.

스토어팜 정보는 가입 시 입력하였던 정보를 변경, 추가하거나 개인 도메인 주소가 있다면 주 사용주소를 개인 도메인으로 변경할 수 있다.

셀러 정보에는 프로필과 아이콘 이미지를 등록할 수 있다. 스토어팜의 단점이 개성 있는 쇼핑몰을 만들기가 힘들다고 했는데 대부분 정해져 있는 몇 가지 틀에서 쇼핑몰을 디자인하다 보니 우리 쇼핑몰의 아이덴티티를 나타낼 수 있는 유일한 부분이 이 프로필 이미지이다. 이 부분에는 우리 쇼핑몰의 로고나 대표적인 제품 또는 쇼핑몰 모델들의 사진들을 등록하면 좋다.

① 이미지 등록을 클릭하고 가로, 세로 160픽셀 사이즈의 jpg, png 파일의 로고 또는 이미지를 등록한다.

Tip

프로필 이미지 등록 시 몰 아이덴티티가 뚜렷이 드러나는 이미지, 혹은 로고만 사용했을 경우 더욱 효과적이다. 초상권, 저작권, 상표권 등 타인의 권리를 침해하는 이미지나 선정/음란/신체노출 이미지는 등록이 불가하며 이미지위에 텍스트 노출 또한 불가하다.

셀러 정보	
이름 (나이)	
프로필/아이콘 이미지	이미지등록 사이즈 (160 X 160) 최대 600KB, 확장자 jpg, png 가능 가이드 보기▸
네이버 애널리틱스 연동 ?	연동 상태가 아닙니다. 연동설정 가이드보기▸
네이버톡톡 연동 ?	⦿ 사용하지 않음 ○ 사용함
네이버 마이비즈니스 ?	○ 연동 ⦿ 연동안함
블로그 연동	☑ GNB 노출 □ 상세페이지 노출 연동한 커뮤니티가 없습니다. 연동설정
페이스북	□ 상세페이지 노출 http://www.facebook.com/ 페이스북 주소를 입력하세요. 예) www.facebook.com/storefarm
인스타그램	□ 상세페이지 노출 http://instagram.com/ 인스타 계정을 입력하세요. 예) storefsrm

네이버 커뮤니티 연동 시 방문자-셀러관계 캡포넌트도 함께 설정됩니다.

② 등록된 이미지의 검수가 끝나면 정상적으로 등록되어 노출된다.

상품 등록하기

제품을 판매하기 위해서는 상품을 등록해야 한다. 스토어팜의 상품 등록은 다른 쇼핑몰 솔루션들에 비해 매우 간단하고 쉽게 되어 있다.

등록 절차는 스토어팜 판매자센터 메인페이지 상단메뉴에서 [상품관리] − [상품등록]을 클릭한다.

① 카테고리명에 등록할 제품의 카테고리명을 입력하면 자동으로 카테고리를 찾아주며 우측에 [카테고리 찾기로 변경]을 클릭하여 카테고리를 선택하여 등록할 수 있다. 그 후 [상품명]을 입력하게 되는데 상품명의 경우 등록 후 네이버에서 검색을 고려하여 상품명을 입력한다.

② 상품상세를 등록한다. 상품상세의 경우 판매할 상품에 대한 상세사진과 사용법, 치수 등을 입력하는 곳이므로 상품등록 중 중요한 부분의 하나이다. 포토샵을 이용하여 이미지로 등록할 수도 있고 사진과 텍스트를 직접 입력하여 등록할 수 있다. 입력방법은 네이버 블로그나 카페 게시판에 등록하는 형식과 동일하다.

상품 이미지는 쇼핑몰 메인에 보이는 이미지와 상품등록에서 대표되는 이미지이므로 판매하고자 하는 이미지가 잘 표현된 사진을 등록하면 된다. 대표 이미지 1개와 추가 9개 목록 4개로 총 14개의 이미지를 등록할 수 있다. 그 후 상품의 판매가와 재고수량, *상품정보제공고시를 입력한다.

③ 배송정보와 반품/교환에 관련된 정보를 입력한다. 초창기에는 거래량이 많지 않기 때문에 가까운 우체국 등기나 택배를 이용하면 된다. 이후 배송물량이 많아지고 본격적

용어 정리

상품정보제공고시

전자상거래법(제13조 제4항)에 따라 전자상거래를 통해 많이 거래되는 재화 등을 의류, 식품, 전기제품 등 30여 개 품목으로 구분하여 각 품목별로 원산지, 유통기한, 품질보증기준 등의 상품정보와 배송/교환/반품 등의 거래조건 정보를 제공하도록 규정한 고시. 허위 정보를 제공하거나 정보를 제공하지 않는 경유 1천만 원 이하의 과태료를 부과받게 되니 꼭 지켜야 한다.

인 사업을 시작할 때에 택배회사와 계약하여 저렴한 금액으로 계약택배를 이용하면 된다.

④ A/S 전화번호를 입력한 후 A/S에 대한 안내사항을 입력한다. 옵션이 있을 경우 옵션을 등록하고 상품에 할인내용을 입력할 수 있다. 할인 시 PC, 모바일만 따로 할인이 가능하며 금액이나 할인율 기간 등을 선택할 수 있다.

⑤ 상품속성에는 제조사, 브랜드, 모델명, 원산지, 제조일자 등을 입력할 수 있으며 간단
한 홍보문구나 판매기간 등을 입력할 수 있다. 만약 제품에 인증을 받은 인증정보가
있다면 입력하면 된다.

부가세	과세상품 ▼
미성년자 구매	가능 ▼
스토어찜회원 전용 상품	설정안함 ▼
홍보문구	여성 래쉬가드, UV차단 비치웨어 UPF50+ 서핑 래쉬가드,워터파크
	☐ 기간 설정
판매기간	☐ 특정 기간만 판매
최소구매수량	숫자만 입력 개 이상 구매 가능
최대구매수량	☐ 1회 구매시 최대
	☐ 1인 구매시 최대
추가상품	설정안함 설정

⑥ *SEO를 입력한다. 제품의 등록, 검색에 이용되는 것으로 잘 입력해야 한다.

– Page title : 브라우저 타이틀에 노출되는 키워드를 설정 가능하다.

– Meta description : Meta description에 노출되는 키워드를 설정 가능하다.

태그 : 입력된 검색어로 검색이 되게끔 해준다. 10개의 태그를 입력 가능하다.

전시설정에서 가장 중요한 부분은 가격비교 사이트 등록이다. 네이버쇼핑에 제품을 등록하여 가격비교를 하게 해주는데 스토어팜을 이용하는 가장 중요한 이유 중에 하나이다. 등록 후 2시간~8시간 이후면 확인이 가능하다.

고객혜택의 경우 판매자가 부담하여 진행하는 혜택으로 무이자할부의 경우 네이버페이 자체적으로 할부 행사를 진행하므로 [설정안함]으로 선택하는 것이 좋다.

그 외 필요한 부분을 입력하게 되면 상품등록이 완료된다.

SEO

Page Title	팔로나 웨이브 래쉬가드 민트	스토어팜명
Meta description	팔로나 래쉬가드는 UPF50+ 원단을 사용하여 자외선으로 부터 피부를 보호하여주며 장시간 물놀이에도 체온을 ㅣ	
태그	#태그를 입력해 주세요. (최대 10개) 　　　　　　　　[추가] 래쉬가드 [x] 신혼여행 [x] 필수품 [x] 바다 [x] 해수욕장 [x] 워터파크 [x] 워터파크패션 [x] 워터파크수영복 [x] • 카테고리명 / 브랜드명은 자동 등록 됩니다. • 판매 상품과 직접 관련이 없는 다른 상품명, 유명 상품 유사문구, 스팸성 키워드 입력 시 관리자에 의해 판매 금지 될 수 있습니다.	

판매자 코드

판매자 상품코드	HB22SR02A-MT
판매자 바코드	
판매자 내부코드1	
판매자 내부코드2	

전시설정

전시상태	전시중 ▼
공지사항	☐ 상품별 공지사항 설정
갤러리	☑ 상품별 갤러리 설정 팔로나 래쉬가드　　　　　　　　　　　[갤러리] • 갤러리의 등록/수정은 갤러리 관리 메뉴에서 할 수 있습니다. 갤러리 관리 •
가격비교사이트 등록	☑ 네이버 쇼핑 • 네이버 쇼핑 노출은 약 2시간 ~ 8시간 정도 소요됩니다.

고객혜택

복수구매할인	설정안함 ▼
포인트	☐ 상품 구매시 지급 ☐ 구매평 작성시 지급
무이자할부	설정안함 ▼
사은품	

용어 정리

SEO(검색 엔진 최적화)

SEO는 검색에 최적화된 노출을 위한 입력 사항이다. SEO 각 항목에 사이트를 대표할 수 있는 핵심적인 키워드를 선택해 준다. SEO 항목을 입력하지 않을 경우 아래 기본값이 자동으로 반영되며, 설정된 정보는 스토어팜에 표시된다.

〈기본값〉
– Page title : 상품명, 스토어팜명
– Meta description : 스토어팜명, 스토어팜 소개 글
– 태그 : 카테고리명, 브랜드명

상품등록이 완료되면 상품상세화면을 볼 수 있다.

상품상세화면을 확인할 때는 PC와 모바일 모두 확인해 보고 잘못된 부분은 수정하도록 한다.

SNS와 스토어팜으로 연동하기

상품등록이 끝났다면 등록한 상품을 SNS에 연동하여 SNS 쇼핑몰을 만드는 방법을 알아보도록 하겠다.

네이버 블로그

블로그에 리뷰와 함께 제품을 구매할 수 있는 페이지로 직접 연결하여 판매하는 방식으로 블로그 쇼핑몰을 만들 수 있다. 연동방법은 스토어팜의 공유하기 기능이나 블로그의 외부링크 등록을 사용하면 된다.

스토어팜의 상품 상세 페이지 구매 버튼 아래쪽에 [공유하기] 버튼을 클릭한다.

[블로그]로 바로 공유는 사용하거나 [URL 복사]를 이용하여 공유가 가능하다. 두 가지가 비슷하지만 표시 방법에 약간의 차이가 있다. 그러나 상품 리뷰를 하면서 중간이나 마지막 부분에 상품구매 페이지를 넣기 위해서는 [URL 복사]를 이용하는 것이 좋다.

포스팅 중 스포어팜 구매 링크를 넣을 부분에서 [링크]를 클릭하고 복사한 URL를 붙여넣기 한 후 [적용]을 클릭한다.

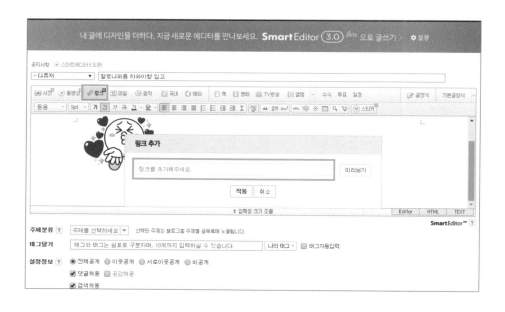

글 안에 바로가기 링크가 생겼다. 링크를 클릭하면 구매 페이지를 바로 연결되어 제품의 상세보기와 결제가 가능해진다.

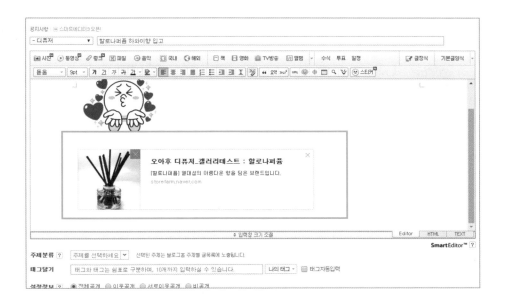

Tip

블로그 안에서 제품을 직접 판매하는 상거래 목적으로 운영하는 경우 블로그 홈에 사업자 정보를 게재하여야
한다.

네이버 모두modoo

모바일 홈페이지 모두에 간단한 클릭 몇 번을 통해 스토어팜을 연동할 수 있다. 판매하
는 제품을 노출할 수 있으며 주문도 받을 수 있어 모두 모바일 홈페이지를 쇼핑몰처럼 이
용이 가능하다.

모두 홈페이지 관리페이지에서 [스토어 연결하기]를 클릭하고 [modoo]에 [내 스토어팜
연결하기]를 클릭하면 연동이 완료된다.

연동이 완료되면 스토어 페이지의 위치를 조정할 수 있다. 노출되는 상품의 순서 조정은
스토어팜에서 가능하다.

페이스북(페이지)

페이스북 페이지에서 행동유도 버튼을 통해 스토어팜으로 바로가기 연동이 가능하다.
페이지 설정에 [버튼 추가]를 클릭하고 행동 유도선택에서 [지금 구매하기]를 클릭한다.

랜딩페이지의 스토어팜 주소나 또는 구매 페이지를 직접 입력하여 연결되게 할 수 있다.
주소 입력 후 [만들기]를 선택하면 완료된다.

카카오스토리(스토리채널)

카카오스토리로 공유하기를 사용하여 바로 공유가 가능하다. 스토어팜으로 접속하여 상세설명에서 [공유] 버튼을 선택하고 [카카오스토리]를 선택한다.

스토리 채널은 직접 공유기능이 없어 [URL 복사]를 사용하여 [링크 추가]를 하면 된다.

카카오스토리와 스토리채널은 링크와 사진을 동시에 함께 사용할 수 없어 여러 장의 사진과 함께 공유할 때는 사진을 먼저 등록 후에 복사한 URL를 본문에 붙여넣기 하여 상품 구매 페이지로 연결할 수 있다.

인스타그램

인스그램의 홍보하기를 통해 제품을 노출하고 직접 구매 페이지로 연결이 가능하다.

유료광고기능을 사용하여 타깃으로 설정한 고객 구매 페이지로 직접 연동하여 구매를 유도할 수 있다.(참고 : 인스타그램 게시 글 홍보하기)

[홍보하기] — [버튼 텍스트 선택] — [지금 구매하기]를 클릭 후 스토어팜 상품상세 페이지의 [공유]를 이용하여 [URL 복사]를 하여 링크에 [붙여넣기]를 하면 된다.

인스타그램 광고 페이지 하단에 [지금 구매하기] 버튼이 생겼고 선택하면 상품구매 페이지로 바로 넘어가게 된다.

주문하고 발송하기

상품등록이 끝나고 네이버쇼핑이나 SNS을 통해 주문이 들어오게 되면 주문확인을 하고 발송을 해야 한다.

스토어팜의 주문관련 메뉴들은 [판매관리] 메뉴에서 확인할 수 있다.

주문조회 방법을 알아보기 전에 간단한 스토어팜의 판매관리 프로세스에 대해서 알아보도록 하겠다.

스토어팜의 판매관리는 6단계로 나눌 수 있다.

주문완료 → 입금 → 발주확인 → 발송확인 → 배송추적 → 구매확정

고객이 주문을 하게 되고 결제(입금) 단계까지 끝내면 고객의 주문을 스토어팜 판매자센터를 통해 확인 가능하다. 주문을 확인하면 제품을 포장하고 택배로 발송을 한 후 발송된 택배송장번호를 입력하고 [발송완료] 처리를 하게 되면 고객은 택배회사를 통해 주문한 제품을 받게 된다.

받은 제품을 확인하고 문제가 없으며 마음에 들면 구매확정을 하게 되고, 네이버를 통해 결제 금액을 정산받게 된다.

주문 완료 미입금 확인	입금	발주 확인 발주/발송 관리	발송 확인 발주/발송 관리	배송 추적 배송 현황 관리	구매 확정 배송 현황 관리

발주 확인 – 배송 준비 중	발송 처리 – 배송 중	발송 추적 – 배송 완료	구매 확정 – 구매 확정
· 관리메뉴 : 발주/발송 관리 · 발송 가능여부 확인(Seller) · 발주 확인(배송 준비 시작) · 판매불가 취소 처리	· 관리메뉴 : 발주/발송 관리 · 택배사/송장 번호 입력 · 배송추적 정보제공 시작 · 구매확정 보류내역 확인 · 배송 중 문제건 확인	· 관리메뉴 : 배송현황 관리 · 상품 배송 상황 확인 · 구매확정 지연건 확인 · 오류송장 등록 내역 확인 · 구매확정 요청 처리	· 관리메뉴 : 배송현황 관리 · 구매확정 내역 확인

주문조회

스토어팜 판매자 센터에 접속하면 주문이 들어왔을 경우 메인페이지 [판매현황]에서 확인이 가능하다.

> **Tip**
>
> 주문마감시간을 정해두고 확인하는 것이 좋다. 예를 들어 상품상세페이지에 '오후 2시 이전 주문 시 당일배송' 이라는 문구를 넣어두고 약간의 오차를 감안하여 마감시간 30분 후쯤에 주문확인을 하면 된다. 그러지 않을 경우 제품배송일 때문에 고객 불만이 생길 수 있다.

현재 신규주문이 1건 들어왔다고 확인이 되었다. 녹색으로 표시된 [1]을 클릭하게 되면 [발주/발송관리] 페이지로 넘어간다.

자동으로 신규 주문 관련된 내용이 검색결과에 보이고 [상품주문번호] 파랑색 [주문번호]를 클릭하면 주문내역을 상세하게 확인할 수 있다. 상품명과 옵션 그리고 수량을 꼼꼼히 살펴보고 상품을 보낼 수 있다면 배송준비상태로 변경하면 된다.

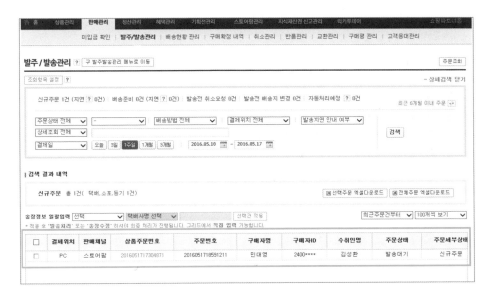

상품발송

조회한 주문 중 발송이 가능한 주문을 선택하고 [발주확인]을 클릭하면

신규주문의 숫자가 사라지고 [배송준비]에 1건으로 변경되었다.

주문서를 확인 후 운송장을 출력하고 발송을 끝낸 다음 [배송방법]에 [택배, 등기, 소포]를 선택하고 [택배사]에 보낸 택배사를 선택한다.

[송장번호]에 운송장번호를 입력한 후 [선택건 발송처리]를 클릭하여 발송완료 처리를 한다.

발송처리가 끝나면 스토어팜 판매자 페이지 메인에 배송 중으로 변경된 것을 확인할 수 있다. 배송 처리 중인 상품은 택배사와 정보와 연동되어 고객에게 발송이 완료되었다고 나타나면 배송완료로 표시된다.

배송 완료된 상품은 구매확정이 되면 정산 처리되어 가입 시 입력한 판매자계좌로 입금된다.

Tip

주문이 많지 않을 때는 가까운 우체국에서 직접 택배를 보내면 된다. 본격적으로 쇼핑몰을 시작하게 되면 택배회사와 정식 계약을 통해 택배비용을 할인받을 수 있다. 택배사 계약 시 택배사 대표번호로 연락하거나 집으로 방문하는 택배기사님에게 이야기하여 계약하면 된다.

[정산관리]

정산에 관련된 내용은 상단에 [정산관리]를 통해 확인 할 수 있다.

정산은 구매확정일 이후 +2영업일에 판매금액에 수수료를 제외한 금액이 정산된다.

정산대금은 처음 회원 등록 시 입력한 계좌로 입금되며 정산계좌를 변경하고 싶을 때는 개인회원의 경우 상단에 [내정보관리]에서 직접 변경하면 된다. (개인/법인회원 경우 서류를 접수해야 가능)

[모바일판매자센터]

스토어팜은 모바일로 판매자센터에 접속할 수 있다. 방법은 모바일 인터넷 브라우저에 [http://sell.storefarm. naver.com] 직접 접속하면 된다.

주문확인뿐만 아니라 상품등록까지도 모바일에서 가능하다. '홈 화면에 바로가기 추가'를 사용하면 모바일 앱 처럼 사용이 가능하다.

24시간 고객 상담

SNS를 이용하여 제품을 판매하는 쇼핑몰의 경우 판매자와 구매자 간의 소통이 댓글로 이루어지고 있다. 개인정보나 민감한 내용 같은 경우는 비밀 댓글이나 다이렉트 메시지 등을 이용하고 있지만 고객 상담의 용도를 이용하기에는 불편함이 있다.

또한 정식으로 사업자를 내고 본격적인 판매를 하기 위해서 댓글 등보다 전문적인 상담 방법이 고객들에게 신뢰를 줄 수 있다.

고객 상담은 스마트폰 또는 일반 전화 같은 유선상담전화를 이용하여 상담을 할 수 있지만 카카오톡과 같은 무료 메신저앱이 보편화되면서 이제는 고객들도 전화, 문자보다는 메신저앱을 더 많이 선호하게 되었다.

또한 문의에 답변을 확인하기 위해 쇼핑몰에 접속하고 문의 게시판을 찾아 확인하는 번거로움을 덜어줄 수 있게 되었고 업무시간과 상관없이 언제 어디서든지 신속하게 상담을 할 수 있게 되어 야간쇼핑을 즐기는 소비자들을 고객으로 확보하기에도 유리하다.

그럼 이러한 고객 상담이 가능한 대표적인 비즈니스 메신저앱에 대해 알아보겠다.

네이버에서 운영하는 메인저 서비스이다.

네이버 톡톡의 가장 큰 장점은 고객입장에서 따로 설치가 필요 없으며 매신저앱을 통해 친구등록을 할 필요도 없다는 점이다. 아무런 설치 없이 대화를 주고받을 수 있으며 네이버앱이 설치되어 있다면 알람을 받을 수도 있고 언제든지 대화를 주고받을 수 있다.

판매자의 입장에서도 연동이 쉬워 몇 번 클릭만으로 가입에서 연동까지 한 번에 되는 것이 큰 장점이다. 네이버 톡톡은 스토어팜에서 가입과 연동이 한 번에 가능하다.

그럼 가입방법을 알아보자.

스토어팜 판매자센터 [셀러 정보]에 [네이버 톡톡 연동]을 보면 현재는 [사용하지 않음]으로 되어 있다. 이를 [사용함]으로 변경한 후 네이버 톡톡을 사용할 네이버 아이디를 로그인하고 약관의 동의 후 계정정보를 등록 후 완료한다.

사용방법은 스토어팜의 상품상세보기의 결제 아아콘 옆 [톡톡하기] 아이콘이 있다. 고객이 궁금한 점이 있을 때 이 아이콘을 선택하면 바로 실시간으로 상담할 수 있다. [톡톡하기]를 선택했던 제품이 문의글과 함께 자동으로 입력되어 어떤 상품인지 힘들게 설명할 필요가 없이 바로 상담문의가 가능하다.

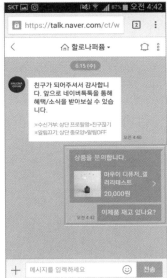

판매자가 네이버 톡톡 파트너 앱을 설치했다면 고객이 문의 시 스마트폰 앱에서 알람이 울리게 되고 확인 시 바로 대화창으로 연결되어 메시지를 입력할 수 있다.

확인하지 않은 메시지는 알림 표시로 쉽게 구분이 가능하다.

아쉬운 점은 많은 장점을 가지고 있지만 네이버에 관련된 서비스에만 한정되어서 사용이 가능하다는 점과 고객상담이나 관리 위주의 서비스가 제공되어 새로운 고객을 확보하는 용도로의 사용은 힘들다는 단점이 있다.

옐로아이디(카카오톡)

카카오는 자영업자나 소호 쇼핑몰들이 카카오톡을 비즈니스용으로 좀 더 적극적으로 활용할 수 있게 카카오톡 옐로아이디를 서비스하고 있다.

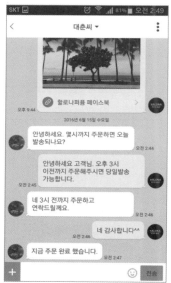

옐로아이디란 카카오톡 비즈니스 커뮤니케이션 서비스로 1:1 대화, 단체메시지(매월 만건 무료 이후 건당 22원), 미니홈 등을 제공하는 서비스이다.

카카오톡을 기반으로 하는 서비스로 카카오톡을 이용하는 이용자 모두를 대상으로 간편하게 상담과 홍보를 할 수 있고 카카오톡 친구 검색을 통해서도 친구등록이 가능하며 유료광고를 통해 상단에 노출할 수 있는 장점이 있다. 일반적인 상담용뿐만 아니라 판매하는 제품의 기능이나 간단한 설명, 업체의 정보 등을 제공할 수 있어 홍보의 수단으로도 사용하기 좋다.

하지만 쉴 새 없이 울려대는 친구들, 단톡방, 광고 알림에 지쳐버린 고객들에게 단순히 한 번의 문의를 위해 비즈니스계정을 친구로 등록하기를 꺼려하는 고객들이 많다는 단점이 있다.

7

스마트워크

엄동현

SMARTWORK

저자 **엄동현**

한국평생교육원 이사
HST group(주) 교육실장
매일경제교육센터 디지털 강사

email : eum3214@gmail.com
Youtube : www.youtube.com/user/bridgeinfoman
Facebook : www.fb.com/bridgeinfoman
blog : blog.naver.com/eum3214
instagram : www.instagram.com/eum3214

나를 찾아오는 정보수집

대부분의 사람들은 정보를 얻기 위해 뉴스나 정보 프로그램을 시청하거나 신문이나 주간지 혹은 월간지를 구독하고 더 자세한 내용이 필요할 때에는 도서관을 찾는 게 보통이었다. 그러나 최근 인터넷을 사용하면서 수많은 정보가 손쉬운 검색을 통해 얻을 수 있게 되었다. 그럼에도 검색을 통해 얻게 되는 정보에는 불필요한 내용이 있거나 잘못된 정보인 경우가 종종 발견되며 검색에 익숙하지 않은 사람들은 검색 자체가 용이하지 않는 경우가 많다.

따라서 정보를 찾는 것이 아니라 찾아오게 해야 한다.

구글 알리미

구글 알리미는 구글에서 하는 서비스 중 하나이다.

원하는 정보에 대한 키워드를 입력하면 구글검색로봇이 하루 종일 정보를 찾아 돌아다니면서 입력되어 있는 그 키워드에 가장 유사한 검색결과를 요청한 주기에 맞게 구글메일(지메일)로 보내주는 서비스이다.

우선 www.google.com/alerts 로 접속을 한다.

나를 찾아오는 정보수집_ 구글 알리미 1-1

위의 그림에 있는 별색의 박스에 원하는 키워드를 입력한다.

나를 찾아오는 정보수집_ 구글 알리미 1-2

수신 빈도는 되도록 하루에 한 번 이하로 설정하고 수신 위치는 구글 로그인 시 보통 구글메일(지메일)로 설정이 되어 있다. 참고로 로그인이 되지 않은 경우에는 희망하는 메일로 수신이 가능하다.

나를 찾아오는 정보수집_ 구글 알리미 1-3

구글 알리미를 입력하고 나면 위의 그림처럼 이메일로 구글 알리미가 오게 되는데, 다른 이메일을 사용한다면 크게 상관없겠지만 구글메일(지메일)을 사용하는 경우에는 기본적으로 오는 이메일과 혼동되어 사용이 불편해질 수도 있다.

따라서 알리미라벨을 만들어 필터링해서 사용하는 것이 좋다.

나를 찾아오는 정보수집_ 구글 알리미 1-4

　수신된 구글 알리미 이메일을 열면 위의 그림처럼 뉴스 등이 확인이 되며 [링크]를 클릭하면 해당되는 웹사이트로 연결이 되어 더 자세한 내용을 확인할 수 있다.

　구글 알리미는 간단한 정보수집 방법이지만 사용하는 사람에 따라서 그 효과는 달라진다.

　예를 들어 소상공인의 경우 사업 아이템에 대한 키워드 또는 연관 검색어를 입력해 놓게 되면 제품에 대한 정보를 비롯하여 보다 빠른 사업의 방향성 또는 정보를 얻을 수 있게 된다. 마케팅에 대한 업무를 본다면 경쟁업체의 상호를 입력할 수 있다. 그렇게 되면 경쟁업체에서 새로운 프로모션을 진행하는 것을 포함해 거의 대부분의 정보를 매일 받아 볼 수 있게 된다.

　취업을 앞둔 학생이라면 입사하고 싶은 기업이나 분야에 대한 키워드를 입력하고 주식투자를 하는 사람이라면 투자한 종목이나 앞으로 투자하고 싶은 종목을 입력하면 된다. 만일 사업가라면 국가에서 하는 과제나 관련된 투자를 받을 수 있는 키워드를 입력하면 정보를 받아볼 수 있게 된다.

　그리고 가장 중요한 것은 정보를 찾아가지 않고 찾아오게 하는 것이다. 더 이상 정보가 나를 지나치지 않고 반드시 지나가게 해야 한다.

RSS_Feedly

RSS는 Rich Site Summary인데 포털사이트나 블로그와 같이 새로운 콘텐츠가 지속적으로 업데이트되는 웹사이트를 매번 방문하지 않고 피드를 구독하는 것을 이야기하는데 사이트에서 제공하는 RSS 주소를 RSS Reader에 등록하면, 새롭게 업데이트된 콘텐츠를 한 곳에서 모아보기를 할 수 있다.

RSS는 블로그 운영자에게 콘텐츠를 구독자에게 쉽게 제공할 수 있으며 구독자는 관심 있는 콘텐츠를 쉽고 빠르게 조회할 수 있다는 장점이 있다.

사용가능한 RSS Reader는 그 종류가 다양하지만 가장 사용하기 쉽고 보기도 편한 Feedly를 통해 학습해 보자. 접속할 수 있는 주소는 www.feedly.com이다.

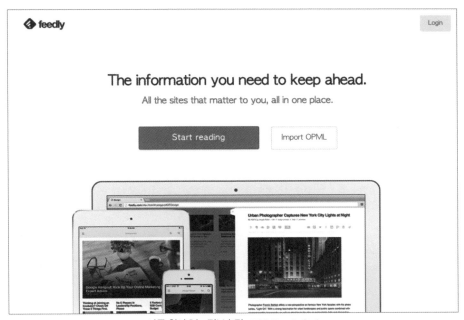

나를 찾아오는 정보수집_ RSS Feedly 2-1

앞 페이지의 그림은 Feedly에 접속한 화면이다.

최근 많은 웹사이트는 사용자의 많은 정보를 요구하지 않는다. 그리고 페이스북이나 구글 아이디로 회원가입 없이 바로 로그인이 가능한데, 아래와 같이 아이디가 있다면 바로 로그인하여 사용할 수 있다.

나를 찾아오는 정보수집_ RSS Feedly 2-2

우선 Feedly를 사용하기 위해서는 웹사이트나 블로그의 RSS를 주소를 가지고 와야 하는데, 다음 페이지의 그림은 필자의 블로그다.

나를 찾아오는 정보수집_ RSS Feedly 2-3

RSS 이미지를 선택하면 아래와 같이 구독 가능한 글의 목록이 나온다.

나를 찾아오는 정보수집_ RSS Feedly 2-4

상단 오른쪽 위에 있는 피드를 다시 선택한다.

위의 그림처럼 나오게 되었을 때 인터넷 주소창에 보이는 주소가 RSS 주소이며 그 주소
를 복사하기를 선택하여 복사를 한다.

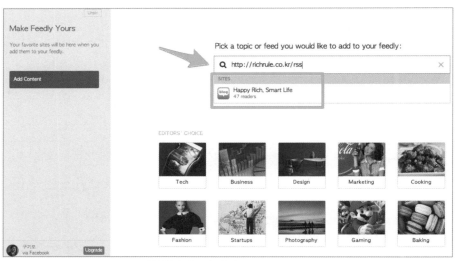

나를 찾아오는 정보수집_ RSS Feedly 2-6

Feedly 상단 왼쪽에 있는 Add Content를 선택하면 위의 그림처럼 입력할 수 있는 공간이 생성되는데 그 공간에 복사된 주소를 입력하면 블로그의 이름이 확인되는 것을 볼 수 있게 된다.

확인된 블로그의 이름을 선택하면 아래와 같이 나오게 된다.

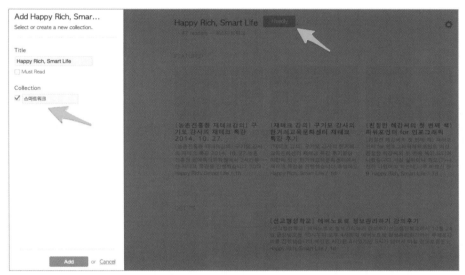

나를 찾아오는 정보수집_ RSS Feedly 2-7

다시 +feedly를 선택하고 좌측에 폴더를 지정하거나 새롭게 만들고 하단에 Add를 선택하면 등록이 완료된 것이다.

이렇게 구독하고 있는 곳에 가서 하나씩 입력하면 되는데, 매번 찾아가는 번거로움에 비해서 큰 노력은 아니라는 생각이다.

나를 찾아오는 정보수집_ RSS Feedly 2-8

등록된 블로그를 선택하면 위의 그림처럼 새롭게 업로드된 콘텐츠 순서대로 화면이 구성이 되며 여러 사이트가 등록되는 경우 폴더별로 보거나 모두 볼 수도 있다.

우측 상단의 톱니모양을 선택하면 보기 방식도 변경할 수 있다.

나를 찾아오는 정보수집_ RSS Feedly 2-9

제목으로 새로운 콘텐츠를 확인하다가 자세하게 읽어봐야 할 경우에는 선택하고 볼 수 있는데, 유일하게 네이버 블로그는 다시 한 번 블로그에 접속하는 수고가 필요하다.

괜찮은 정보라면 북마크 또는 소셜 등으로 공유도 가능하다.

구글 알리미 역시 Feedly도 정보를 수집하는 좋은 툴이지만 업무시간에 사무실에 앉아 본다는 것은 무언가 좀 아쉽다. 그래서 출퇴근시간 등을 이용해 스마트폰으로 보는 것이 좋다.

구글 알리미는 구글메일(지메일)앱을 이용하고 Feedly는 전용 앱을 이용하면 된다.

소상공인을 위한 웹 주문서(요청서) 제작하기

　다양한 마케팅 및 홍보를 통해 내 고객이 찾아 왔다면 이제 이들의 주문을 접수하는 일만 남았을 것이다. 주문은 종이나 전화를 통해도 물론 가능하다. 하지만 웹을 통해 많은 사람이 검색해 나의 블로그, 홈페이지 등을 찾아 왔다면 바로 웹을 통해 주문을 받는 것이 보다 효과적일 수 있다.

　이러한 주문은 제작한 주문서(요청서)의 인터넷 주소URL를 복사해 다양한 방법을 통해 주문접수가 가능하다. 이에 이번 장에서는 웹을 통해 주문하고자 하는 고객을 위한 웹용 주문서를 작성해 보도록 하자.

구글 드라이브를 통한 주문서 작성하기

　본 장에서는 구글을 통한 주문서를 작성해 보도록 하자. 우선 주문서를 작성하기 위해서는 구글의 아이디와 패스워드가 필요하다. 현재 구글 아이디가 없다면 구글 계정을 개설하기 바란다.

　구글에 접속(로그인) 시 상단에 나의 로그인 정보를 확인할 수 있다.

자신의 계정에 사진을 첨부할 경우 사진을 확인할 수 있으며 사진을 등록하지 않은 경우는 본인의 이름 등이 나타나게 된다.

구글의 모든 서비스의 이동은 자신의 계정 정보 앞에 9개의 작은 [큐브 모양]을 클릭해 이동이 가능하다. [큐브 모양]을 클릭 후 [드라이브]를 클릭해 이동하자.

구글 드라이브 메뉴에서는 다양한 서비스가 제공된다.

좌측 상단에 [새로 만들기] 버튼을 클릭하게 되면 구글드라이브에서 제공되는 서비스를 확인할 수 있다. 구글 문서는 MS사의 워드와 같은 기능을, 스프레드시트는 엑셀과 같은 기능을 그리고 프레젠테이션은 파워포인트의 기능을 제공한다.

여기에서 우리는 주문서를 제작하기 위해 [더보기]를 클릭 후, [구글 설문지]를 클릭하면 된다.

구글 설문지를 클릭 시 화면이 변경되는 것을 볼 수 있을 것이다.

본 화면이 바로 설문지를 제작하는 화면이다. 화면의 구성을 우선 살펴보자.

① 제목 : 본 설문지의 제목을 적는 부분이다.

② 설문에 대한 설명을 기록해 보다 원활한 설문이 가능하도록 돕는다.

③ 설문 문항의 유형을 결정하는 부분이다.

질문의 유형은 아래와 같다.

    ㄱ. 단답형 : 간단한 답변을 받는 유형으로 이름 및 연락처 등에 활용

    ㄴ. 장문형 : 서술형의 답변을 받는 유형으로 기타 건 의사항에 활용

    ㄷ. 객관식 질문 : 여러 개의 보기를 제시하고 하나의 문항을 선택

    ㄹ. 체크박스 : 여러 개의 보기를 제시하고 중복으로 선택

    ㅁ. 드롭박스 : 탑다운 버튼이라고도 불리며 보기를 제시하고 원하는 항목을 선택. 객관식과 유사하나 설문지의 화면을 적게 차지한다는 이점이 있다.

ㅂ. 직선 단계 : 점수범위를 정하고 양쪽에 항목을 입력해 점수를 입력할 수이다. 흔히 만족도 조사에 많이 사용

ㅅ. 객관식 그리드 : 그리드 형태의 설문문항으로 반복적인 질문에 대한 답을 쉽게 취합할 수 있다.(예, 아니요의 반복적 문항에 많이 활용.)

ㅇ. 날짜 : 날짜를 선택할 수 있는 문항으로, 배송을 희망하는 날짜 등을 기입할 때 적합

ㅈ. 시간 : 시간을 선택할 수 있는 문항으로, 전화 통화를 희망하는 시간 등을 확인할 때 활용

④ 설문 문항의 제목을 입력한다.

⑤ 설문의 선택 항목을 입력한다.

⑥ 필수 항목을 설정하는 부분으로 본 설정을 클릭 시, 설문에 답변이 입력되지 않으면 설문이 제출되지 않는다. 즉 필수 질문을 꼭 필요한 부분이 아니라면 설정하지 않는 것이 좋다.

그렇다면 필수질문은 어떤 항목이 되어야 할까? 바로 설문지를 제출하는 사람의 기본 정보를 필수질문으로 설정하여야 한다. 웹 주문서는 불특정 다수가 입력할 수 있기에 주문서의 접근이 용이하여야 한다. 즉 로그인 등이 없이 작성이 가능하여야 한다는 것이다. 만일 주문서를 작성 시 로그인을 할 수 있도록 설정한다면 누가 작성하였는지 기록이 남게 되지만 많은 사람이 로그인에서 포기하는 경우가 발생할 수 있다. 따라서 로그인 없이 주문서 작성이 가능하도록 설정하기에 개인 정보를 필수적으로 입력할 수 있도록 하는 것이 필요하다. 이에 "성함, 연락처" 두 가지 정도는 필수질문으로 설정하기를 추천한다.

⑦ 각 문항별 추가 설정 기능.

문항의 종류에 따라 추가적 설정 기능이 다르게 나타난다. 공통으로 확인되는 부분은 바로 "설명" 항목이다. 이는 본 설문 문항을 작성함에 있어 도움이 될 내용을 입력하는 창이

나타나게 된다. 예를 들어 체크
박스 문항의 경우 설명 부분에
"중복체크 가능"이라는 문구를
넣어주면 도움이 된다.

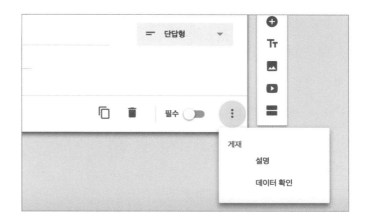

⑧ 기타 추가 기능.

　　ㄱ. 질문 추가 : 설문지 문항을 추가

　　ㄴ. 제목 및 설명 추가 : 중간에 설문에 대한 원활한 진행을 위한 안내 및 설명 추가

　　ㄷ. 이미지 추가 : 설문지 중간에 이미지를 추가

　　ㄹ. 동영상 추가 : 설문지 중간에 동영상을 추가

　　ㅁ. 섹션 추가 : 이는 설문지를 나누어 선택 문항에 따라 페이지 이동을 유도해 보다
　　　　상세한 설문의 진행을 할 수 있도록 지원한다. 하지만, 많은 페이지의 작성은 작성
　　　　자로 하여금 불편함을 야기할 수 있기에 지양하는 것이 좋다.

주문서 활용(적용)하기

주문서 샘플 확인하기

QR 코드 스캔 또는 아래 인터넷 주소로 접속해 확인해 보기 바란다.

http://bit.ly/ordersample

주문서를 만들었다면 이제 이를 실질적으로 적용하는 작업이 필요하다. 주문서의 활용은 매우 다양한 곳에서 사용이 가능하다. 카카오스토리를 비롯하여 블로그 등 다양한 SNS에서 주문서 작성이 가능하다.

우선 주문서를 활용하기 위해서는 주문서에 접속이 가능한 링크(인터넷 주소)를 확인하는 것이 필요하다. 다음 페이지의 단계를 따라 확인 및 활용해 보기를 바란다.

주문서 활용 링크 확인하기

주문서를 작성하였다면 작성화면에 상단에 위치한 [미리보기]를 클릭해 실질적으로 주문자에게 표시될 주문서를 확인해보도록 하자. 주문서의 활용은 미리보기 화면의 인터넷 주소를 복사해 활용하면 된다.

① 주문서 작성화면에서 [미리보기] 클릭

② [미리보기] 화면 상단에 인터넷 주소를 복사해 내가 주문서를 넣고자 하는 곳에 붙여

넣으면 된다.

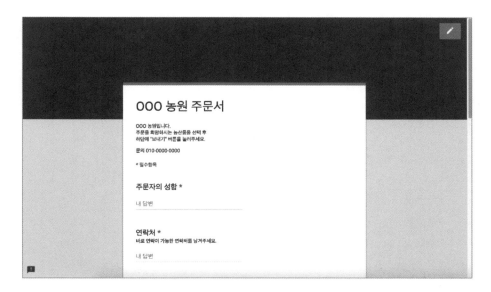

링크 주소를 붙여 넣기 전 주소의 마지막 부분이 "viewform"으로 끝나는지를 확인하기 바란다. 혹, 링크의 주소가 "edit"로 끝난다면 이는 주문서를 제작하는 화면으로 원활한 주문접수가 불가하다.

정상적인 링크 예

https://docs.google.com/forms/d/e/1FAIpQLSeW-_rTcRPJWDluU95ounNcu5dU8iG4WHcDljVI2a9KxWeMDg/viewform

잘못된 링크 예

https://docs.google.com/forms/d/1oZnHM91STNAKa0Ij-7gvDvIwlLFqNADLDuc4Qle-r8k/edit

이렇게 링크를 확인하고 복사했다면 이 링크를 여러분이 주문을 받기 위한 글에 붙여 넣으면 된다.

인터넷 주소 링크 줄이기

인터넷 주소 링크가 길어 활용이 불편하게 느껴진다면 설정화면에서 주소를 축약시켜 보기 바란다.
방법은 아주 간단하다. 아래 방법을 확인해 보자.

① 주문서 작성화면에서 [보내기] 버튼 클릭

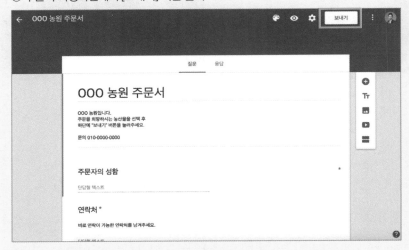

② 전송용 앱 항목의 두 번째 링크 클릭(이 링크를 활용해도 주문서의 작성이 가능하다.)

③ 하단에 URL 단축 체크 후, 생성되는 링크를 활용

긴 주소와 단축 URL은 동일한 주문서로 접속을 도와주는 인터넷 주소이다.

꽃

남들보다 조금 늦은 나이인 스물다섯이 되던 해에 제대를 하자마자 프린터 및 컴퓨터 주변기기 판매업을 시작하면서 나만의 작은 사업이 시작되었다.

물론 사전 지식도 없이 시작한 사업은 정말 쉽지 않았지만 발품과 열정으로 극복했고 어느 정도 매출이 오르기 시작하면서 마케팅에 대한 필요성을 느끼게 되었다. 그리하여 옆 매장이었던 배달전문 보쌈집의 상호를 함께 넣은 홍보용 자석(냉장고에 붙이는 자석)을 제작해 배달할 때마다 홍보 효과를 보기도 했고 시간이 지나면서 조달청에 업체 등록을 하고, 공개입찰까지 하면서 매장을 알리게 되어 매출신장이 이루어지기도 했다.

그럼에도 경쟁업체의 가격경쟁과 납품했던 회사의 부도 등으로 사업은 사양세로 접어들게 되었다. 당시에는 경쟁업체와 거래처를 원망하기도 했지만 지금 돌이켜 생각해보면 차별화된 마케팅과 지속가능한 전략이 없었던 것이 실패의 요인이었다.

아직도 TV와 라디오처럼 정통적인 미디어가 건재하지만 역시 작금의 대세는 소셜미디어다. 모든 기업과 개인은 마케팅과 세일즈를 위해 소셜미디어를 이용할 수밖에 없고 성공과 실패는 전적으로 상대적인 전략에 있다고 볼 수 있다.

이 시대를 살아가는 소비자들은 제품을 구매하기 전에 충분한 검색을 하고 구매 이후에는 후기 또한 잊지 않는다. 따라서 제품을 판매하는 담당자나 기업은 소비자의 검색이나 후기에도 노출이 따를 수밖에 없다.

필자는 과거의 실패를 거울삼아 마케팅 전략을 세워 현재까지 이름과 콘텐츠를 마케팅하면서 익히고 얻은 노하우를 6명의 강사들과 함께 나누고자 했다.

부디 본서가 1인 기업가와 소상공인 분들, 혹은 나만의 차별화된 콘텐츠로 내일을 꿈꾸는 분들에게 작은 길잡이가 되었으면 한다.

이 책이 나오기까지 소셜미디어와 스마트워크를 알려주시고 강사로 성장시켜주신 한가늠 교수님, 내면세계의 성장의 중요성을 알려주신 하석태 대표님, 아버지로서 남편으로서의 삶이 가장 중요하다는 것을 멘토로서 솔선수범하고 계신 이수경 회장님 그리고 나눔의 행복을 매일 매시간 보여주시는 유광선 원장님과 꼼꼼하게 윤문 및 오타를 잡아주신 장운갑 편집장님, 본 글을 더한층 돋보이도록 멋진 이미지 편집을 해주신 이종헌 이사님께 깊은 감사의 말씀을 전하고 싶다.

존경하는 부모님과 사랑하는 아내 소영 그리고 나를 너무나 닮은 아들 준범이에게 매일 일에 빠져 아들로서 남편으로서 아버지로서 제대로 역할을 다하지 못해 미안하고 고맙고 사랑한다고 전하고 싶다.

마지막으로 이 모든 것을 주관하시는 하나님 아버지께 모든 감사와 영광을 돌리고 싶다.

　　　　　　　　　　　　　　　　　　　　　　　　　　　　　　　　　　－ 구기모

2003년 대학생 시절, 친구가 운영하던 가게에서 아르바이트로 번 돈 80만 원을 가지고 온라인 쇼핑몰을 창업했다. 이후 10년이 넘는 시간 동안 많은 분들에게 창업의 노하우를 알려주었고, 주변의 온라인 쇼핑몰들이 성공하기도 하고 때로는 사라져 버리는 것을 직접 보며 안타까움을 금할 수 없었다.

대부분의 소상공인들이 온라인 쇼핑몰 사업에서 실패하는 이유는 단지 트렌드를 읽지 못하는 것이었다. 필자 또한 작은 성공에 도취되어 트렌드를 읽지 못하여 실패를 경험한 적이 있다.

창업에도 트렌드가 있다. 그럼에도 불구하고 아직도 많은 분들이 기존의 온라인쇼핑몰 창업 방식대로 준비를 하다가 그 과정이 너무 어렵고 복잡해 미처 창업을 해보지도 못하고 포기하는 경우가 많다.

본서에서는 기존의 정형화된 방법보다는 최근의 트렌드에 맞추어 SNS을 활성화하고,

활성화된 SNS를 통해 제품을 판매하는 방법을 알기 쉽게 설명하여 누구나 응용할 수 있도록 했다. 모쪼록 현직에 몸담고 있는 소상공인들뿐만 아니라 앞으로 창업을 꿈꾸는 모든 분들의 지침서가 되기를 바라는 마음이다.

– 민대영

〜〜

항상 고군분투하며 작업하는 것이 익숙했던 필자에게 본서의 출간은 또 다른 경험이자 기쁨이다.

다섯 분의 든든한 강사님들과의 작업은 정말 즐겁고 보람된 일이었다.

출간을 준비하며 매주 각 분야의 전문가들과 함께 호흡을 맞추고 아이디어를 내며 소상공인들, 혹은 창업을 꿈꾸는 분들에게 진정 무엇이 도움이 될지 고민했던 날들이 이제 한 권의 책자로 세상에 나오니 어느덧 순간순간들이 추억이자 보람이 아닐 수 없다.

그리하여 본서의 출간이 끝이 아니라 이 책을 통해 많은 분들과 강의현장에서 직접 만나며 최선을 다해 그들의 성공을 도울 수 있는 소셜어벤져스가 되겠다고 다짐한다.

마지막으로 늘 곁에서 든든하게 지원해주는 사람북닷컴 마상호, 인생의 터닝포인트를 맞도록 도와준 곽병부 삼촌, 너무나 사랑하는 우리 노재순 외할머니, 민정언니, 민우, 조카 예성이, 욕심 많은 워킹맘으로 일과 육아 둘 다 포기할 수 없는 필자를 대신해 늘 아이를 돌보아주시느라 고생하시는 친정 부모님, 코스모스 어린이집 선생님들, 그리고 항상 이해해주시고 보듬어주시는 시부모님, 신랑 정명훈, 사랑하는 아들 하연띵구에게 감사한 마음을 전한다.

– 박세인

일단 시작하면 무엇이든 얻을 수 있을 것이라는 말이 있다.

오늘도 비지땀을 흘리며 비즈니스에 여념이 없는 모든 분들에게 도움이 되는 첫걸음을 함께 하도록 할 것이다.

본서의 저자들은 각자의 다양한 경험과 성공사례들을 나름대로 최선을 다해 쏟아 부으려 노력했다. 그럼에도 모든 이야기를 한 권의 책 속에 담을 수는 없다. 다만 이 책을 대하는 소상공인, 내일의 창업자인 여러분과 함께 시작할 수 있는 기반은 마련해 드릴 수 있다고 확신한다.

작은 시작으로 큰 성공을 만들어 갈 수 있는 시발점이 될 양서로 거듭나기를 기대한다.

– 신성수

소상공인 및 기업을 대상으로 다양한 경험을 바탕으로 한 전문가들이 함께 모여 각 전문분야에 대한 이야기를 하나의 책으로 쓸 수 있게 됨에 감사의 마음을 표한다.

이론보다는 실질적인 도움이 되는 내용을 수록하여 바로 적용이 가능하기에 더욱 그 가치를 느낄 수 있을 것이라고 확신한다.

소상공인으로서 기업가로서 내일의 창업가로서 보다 성공적으로 거듭날 수 있는 양서가 되기를 기대한다.

– 엄동현

강사의 길로 접어들면서부터 내 이름이 각인된 책을 펴낸다는 것은 숙명이자 의무감처럼 마음 한편에 남아 있었지만 한 권의 책으로 엮는다는 것은 마치 희망 고문 같은 머나면

남의 일처럼 느껴졌다.

그러나 포기하지 않고 간절히 원하면 이루어진다는 만고의 진리를 이번 기회를 통해 새삼 새롭게 체험하게 되었다.

비록 적은 지면의 분량이지만 컴퓨터 교사로서 소상공인 대상 ICT 활용 강의 경험을 바탕으로 도구로써의 컴퓨터, 그러면서도 이러한 ICT 활용을 통해 얻으려 하는 것이 무엇인지 본질을 놓치지 않기를 바라는 마음을 책에 담아보았다.

이 책이 나오기까지 물심양면 지원을 아끼지 않고 지원해주신 한국평생교육원 유광선 대표님과 국제코치연합 최강석 대표님, 최희정 소장님, 국제NLP연합 강종우 대표님께 감사의 인사를 드린다.

아울러 본서의 공저 작업을 진행하며 무한한 지지와 격려를 보내주신 구기모, 신성수, 박세인, 민대영, 엄동현 강사님께도 감사의 인사를 드린다.

― 탁현준